JN384386

명필 100일 작전!

한자 펜글씨 교본

명필 100일 작전!

한자 펜글씨 교본

펜글씨 필경 | 송정 이명도 · 편집부 엮음

상용 한자 1800字

신라출판사

머리말

글씨의 품세를 보면 그 사람의 인품과 지식의 척도를 가늠할 수 있다고 합니다. 그러므로 아름다운 글씨를 지니기 위해 누구나 한결 같은 마음으로 염원하는 것입니다.

요즈음 같이 국가 공무원 시험이나 기업체 사원모집에서는 이력서나 자기 소개서 등을 자필로 제출할 때 그 사람 글씨의 품세를 보고 평가합니다. 흔히들 글씨는 타고나야 된다고 하지만 그것은 잘못 전해진 이야기입니다.

아무리 난필 · 악필이라도 올바른 서체를 선택한 펜글씨 교본을 곁에 두고 꾸준히 노력을 한다면 아름다운 글씨의 소유자가 될 수 있는 것입니다.

그리고 글씨는 누구나 잘 알아보기 쉽고 아름다워야 좋은 평을 듣고 좋은 인상을 남기는 법입니다.

하루 20~30분 정도의 성의로 꾸준히 정진을 기울이면 습성화 되다 시피한 글씨의 나쁜 버릇도 자연히 고쳐지고, 글씨에 대한 자신감도 가질 수 있는 것입니다.

이 한권의 펜글씨 교본은 실력 향상은 물론이고, 여러분의 고민을 해결하는데 틀림없는 도움이 될 것입니다.

편집부

※집필 방법

펜을 잡을 때는, 펜대 위에 인지智仁를 얹고 종이의 면에 대하여 45˚ ~ 60˚ 정도로 잡는 것이 가장 좋은 자세입니다.

한자漢字에는 해서체楷書体・행서체行書体・초서체草書体가 있으며, 이 모두는 각기 그 나름의 완급緩急의 차가 있으며, 경중의 변화가 있습니다. 해서체는 50˚ ~60˚의 경사 각도로 쓰는 것이 좋으며, 해서체나 잔글씨 일수록 경사 각도는 50˚ 이하로 내려갑니다. 54˚의 각도는 손끝에 힘이 들지 않는 각도 이며, 평소에 펜글씨를 정확하게 쓰자면 역시 50˚~60˚ 의 경사 각도로 펜대를 잡는 것이 가장 알 맞는 자세라 할 수 있습니다.

※ 펜을 쥐는 법과 쓰는 방법

펜촉으로부터 3cm쯤 되는 곳(펜대)을 엄지손가락과 둘째손가락으로 가볍게 잡고, 가운데 손가락의 첫째 마디로 가볍게 대어 펜대를 약 50˚~60˚쯤 되는 각도로 세워서 그 연장선이 어깨 너머로 지나갈 수 있을 정도면 좋습니다.

손 안에 계란이 하나 들어갈 정도의 공간을 유지하면서 새끼손가락의 끝은 가볍게 종이 위를 미끄러질 수 있어야 합니다. 펜촉은 갈라진 양쪽을 다 같이 쓰여 지도록 펜을 바르게 잡는 버릇을 들여야 합니다.

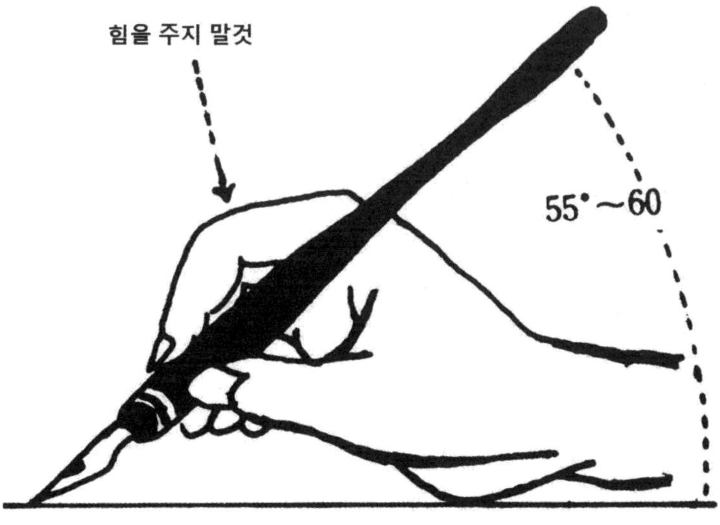

漢字의 基本 點劃

* 漢字는 點劃이 모여서 結字가 되느니만큼 그 點劃의 基本性格을 파악하여 익혀보자.

측 점	左上에서 右下로 지긋이 비틀어 눌렀다가 左下로 되돌아 오면서 짧게 삐친다.				
심 점	1.右上에서 左下로 눌러 머문다. 2.左上에서 右下로 눌렀다가 右上으로 든다. 3.左上에서 右下로 눌러 머문다.	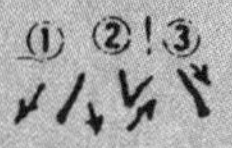			
적	펜을 움직이는 요령은 위(努획)와 같이 하고 끝을 左上 45° 로 가볍게 삐쳐 올린다.	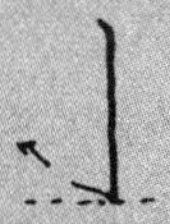			
책	펜을 착필하여(약간의 힘을 준다) 右上을 向하여 빠르게 삐쳐 올린다.				
목 략	掠획의 성질은 착필하여 마칠때까지 펜이 서서히 따라가서 끝을 삐친다.				
월 략	※ 위 참조. 모양은 위와 다르나 그 성질과 요령은 동일하다.				
늑	펜을 착필하여 가볍게 서서히 수평보다 우측을 약간 위로가서 끝을 머문다.				
화 략	※ 목략(木掠) 참조 중심을 유지하여 가다가 꺾지 말고 휘어서 서서히 左下 약 45° 로 삐친다.	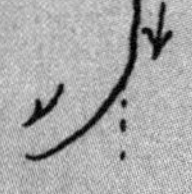			
탁	펜을 착필하여 左下로 좀 빠르게 가볍게 삐친다.				
책	가벼운 착필로 시작, 점차적으로 힘을 주어 점차적으로 힘을 빼어 재친다. 그 경사도는 45° 정도면 된다.	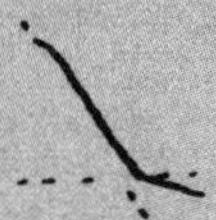			
구 로	이 획은(勒, 努, 趯) 획을 합한 획이다. 勒획의 右단에 이르러 右下 135° 로 약간 내려왔다가 다시 되돌아가서 아래로 서서히 움직인다.				

부 아	이 획은 다른 획보다 더욱 천천히 움직인다. 1의 위치에서 모가나지 않게 주의하고 2에 이르러 위로 정확히 삐친다.	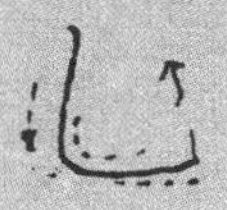			
답 구	노획과 책(策)획의 성질을 생각하라. 努획의 하단에 이르러 右上 약 55° 로 가볍게 삐친다.	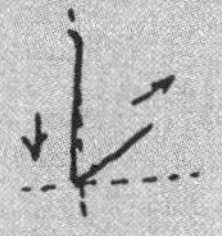			
보 개	左측 점과 접속되는 부분에서 사이가 뜨면 안된다. 勒획의 右단에 이르러 펜을 右下135° 로 약간 내려왔다가 되돌아 올라가 左下로 삐침.	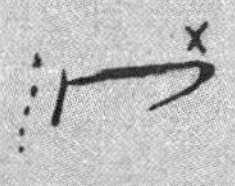			
유 어	점을 찍고 점을 향해 비스듬히 올려꺾어 비틀어서 왼쪽 아래로 짧게 따라가 다시 右下로 가볍게 점차적으로 힘을 주었다가 재친다.				
예 어	점선과 같은 요령으로 하되 위의 획(遊魚) 과 성질이 같다.				
색 구	가로는 勒과 동일하며 상부관절에서 펜을 천천히 움직여 휘어서 左上으로 삐쳐 올린다.	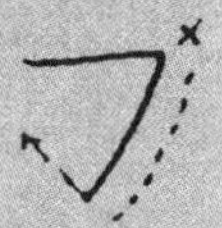			
비 안	左上에서 右下로 휘어서 내려가되 두드러지게 휜 것이 나타나지 않도록 右上을 向하여 짧게 올려 재친다.				
봉 시	勒에서 그칠 때는 엄격한 각이 나게하고 1의 부분이 점선에서 약간 右로 나왔다가 右上으로 쳐 올린다.	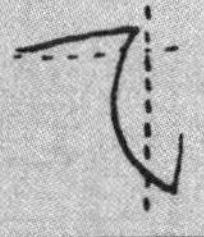			
자 구	착필하여 가볍게 들어 관절에서 힘을 주었다가 左下로 삐치는듯 다시 가볍게 오른쪽으로 휘어서 左上을 向하여 재쳐 올린다.				
을 곡	상부 관절을 제외하고는 모가 나지 않도록 하되 재쳐 올리는 것은 直上으로 한다.				
연 화	네 개의 점 중에서 첫째점을 제외하고 세 개의 점은 동일한 성격이다. 첫째점은 左下로 엎어서 찍고 각 점의 길이는 동일하다.	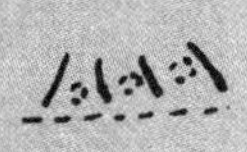			
삼 수	첫째, 점선의 오른쪽에 찍는다. 둘째, 점선의 왼쪽에 찍는다. 셋째, 점선의 中心에 찍어 쳐올린다.				
상 구	모가 나지 않도록 하고 세로와 가로의 길이 차는 2 대 3으로 하면 알맞다.	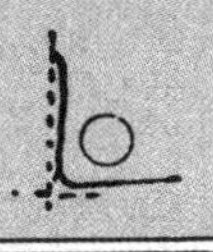			

삼 행	일획은 仰획이라고 하며, 점선의 방향을 참조하라. 이획은 平획이라고 하며 수평으로 긋는다. 삼획은 覆획이라고하며 점선과 같이엎는다	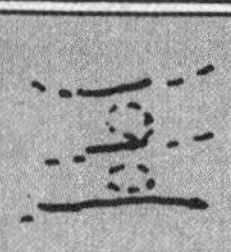			
중 별	掠획이 두 개 중복되었는데 그 방향이 각각 다르다.	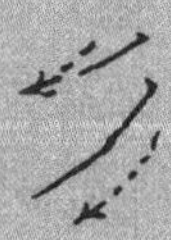			
삼 별	첫째획과 둘째획은 방향이 같고 마지막 획은 左上으로 약간 휘게 한다.				
현 침	펜을 움직이는 방법은 竪획과 동일하나 끝을 삐친다.	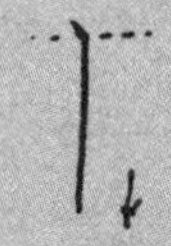			
수 점	左上 45° 에서 꺾어 수직으로 짧게 삐쳐내린 점이다.	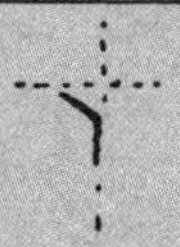			
구 형	첫째획이 中下로 간다. 첫째획과 둘째획이 벌어지지 않도록 하고 위는 넓어도 아래는 좁고, 두 세로획은 상대적이다.	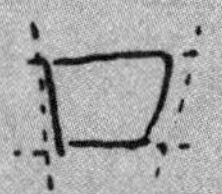			
사 간	점선에서 오른쪽으로 나가지 않도록 하고 1은 크고 2의 모난 곳이 1의 모난 곳과 수직선으로 보아 왼쪽으로 나와서는 안 된다.	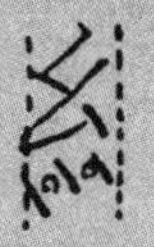			
언 조	수점에서 口形까지 中心을 유지하고 작은 가로획 두 개와 口形의 위, 가로획 길이가 동일하며, 간격을 균등히 한다.	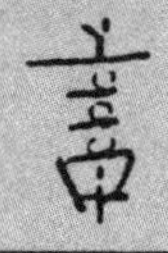			
변 점	첫째점과 오른쪽 삐친 획의 끝이 닿지 않도록 한다.	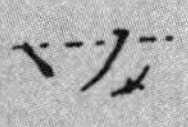			
척 구	시작 지점과 재쳐 올리는 지점이 수직이 되어야 한다.				
심 곡	왼쪽에서 시작하여 아래로 휘며 수평 점선에서 조금더 나간다 위로 삐치는 방향은 左上方이다.				
변 책	이 획은 책(磔) 획의 줄임꼴이다 펜을 뗄적에 힘을 주나 꼬리가 나지 않도록 한다.				
초 두	1획의 중간에 2획이 통과하고 4획은 1,2획의 교차 지점에서 수평으로 나와 시작하여 수평으로 긋는다. 1,2획과 3,4획이 접선되지 않게함.	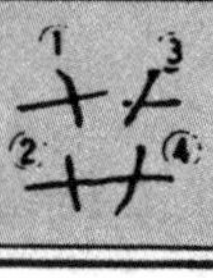			

可	否	假	飾	家	屋	歌	謠	佳	作
옳을 가	아니 부	거짓 가	꾸밀 식	집 가	집 옥	노래 가	노래 요	아름다울 가	지을 작
一 丁 亓 可 可	丆 不 不 否 否	亻 仴 仮 假 假	今 食 飠 飾 飾	宀 宁 宇 家 家		可 哥 哥 歌 歌	言 訁 諡 謠 謠	亻 仁 仕 佳 佳	亻 仁 作 作 作
可	否	假	飾	家	屋	歌	謠	佳	作

價	値	覺	悟	各	項	干	戈	簡	單
값 가	값 치	깨달을 각	깨달을 오	각각 각	조목 항	방패 간	창 과	간략할 간	홑 단
亻 価 價 價 價	亻 亻 佰 值 値	𦥑 𦥯 覺 覺 覺	忄 忄 忏 悟 悟	丿 夂 夂 各 各	工 工 巧 項 項	一 二 干	一 七 戈 戈	竹 竺 筲 簡 簡	口 吅 單 單 單
價	値	覺	悟	各	項	干	戈	簡	單

肝	油	姦	淫	懇	切	看	板	渴	症
간 간	기름 유	간음할 간	음란할 음	간절할 간	끊을 절	볼 간	판목 판	목마를 갈	병증세 증
丿 月 月 肝 肝	氵 汩 油 油 油	𡿨 女 女 姦 姦	氵 氵 淫 淫 淫	豸 豸 貇 貇 懇	一 七 切 切	二 手 看 看 看	十 木 朩 板 板	氵 沪 渴 渴 渴	广 疒 疔 疔 症
肝	油	姦	淫	懇	切	看	板	渴	症

監	獄	甘	酒	減	刑	甲	蟲	康	寧
볼 감	옥 옥	달 감	술 주	덜 감	형벌 형	갑옷 갑	벌레 충	튼튼할 강	편안할 녕
𠂆 𠂆 臣 監 監	犭 犭 獄 獄 獄	一 十 廿 甘 甘	氵 汀 洒 酒 酒	氵 沪 洉 減 減	二 于 开 刑 刑	丨 冂 日 曰 甲	口 中 虫 虫 蟲	广 庐 庚 康 康	宀 宀 寍 寍 寧
監	獄	甘	酒	減	刑	甲	蟲	康	寧

鋼	線	剛	柔	江	河	改	善	個	性
강철 강	줄 선	굳셀 강	부드러울 유	강 강	강 하	고칠 개	착할 선	낱 개	성품 성
亼 金 釦 鋼 鋼	幺 糸 約 綿 線	冂 冈 岡 剛 剛	マ 予 矛 柔 柔	丶 氵 汀 江 江	氵 汀 河 河 河	㇆ 己 己 改 改	䒑 羊 羊 善 善	亻 們 個 個 個	丶 忄 忄 性 性
鋼	線	剛	柔	江	河	改	善	個	性

蓋	瓦	介	入	開	拓	慨	歎	擧	皆
덮을 개	기와 와	끼일 개	들 입	열 개	열 척	슬퍼할 개	탄식할 탄	들 거	다 개
艹 芏 荖 蓋 蓋	一 丆 工 瓦 瓦	丿 人 介 介	丿 入	门 門 門 開 開	十 扌 扩 扩 拓	丶 忄 忄 慨 慨	廿 革 莫 歎 歎	臼 舁 擧 擧	一 比 比 皆 皆
蓋	瓦	介	入	開	拓	慨	歎	擧	皆

距 離	去 番	巨 星	居 處	乾 坤
떨어질거 떨어질리	버릴거 차례번	클거 별성	있을거 곳처	하늘건 땅곤
足 趴 跙 距 距 / 离 离 离 離 離	一 十 土 去 去 / 爫 平 乎 番 番	一 厂 匚 巨 巨 / 日 旦 早 星 星	一 尸 居 居 居 / 广 卢 虍 虎 處	古 直 卓 乾 乾 / 十 土 圹 坤 坤
距 離	去 番	巨 省	居 處	乾 坤

健 兒	建 築	儉 德	激 情	堅 固
굳셀건 아이아	세울건 쌓을축	검소할검 큰덕	심할격 뜻정	굳을견 굳을고
亻 信 侓 健 健 / 臼 臼 臼 臼 兒	크 킈 聿 建 建 / 竹 竺 筑 筑 築	亻 伶 侴 儉 儉 / 彳 彳 彳 德 德	氵 氵 浐 激 激 / 忄 忄 忄 情 情	一 臣 臤 臤 堅 / 冂 門 周 固 固
健 兒	建 築	儉 德	激 情	堅 固

肩	章	絹	織	決	裁	缺	陷	謙	讓
어깨견	규범장	비단견	짤 직	정할결	마를재	이 러질결	빠질함	겸손할겸	사양할양
厂 户 户 肩 肩	立 产 音 音 章	幺 糸 紀 絹 絹	糸 紟 緖 織 織	氵 氵 氵 決 決	土 圭 表 裁 裁	缶 缶 缶 缺 缺	阝 阝 陷 陷 陷	言 訁 謙 謙 謙	訁 謙 讓 讓 讓
肩	章	絹	織	決	裁	缺	陷	謙	讓

兼	職	頃	刻	景	概	警	句	輕	罰
겸할겸	직분직	잠깐경	새길각	경치경	대개개	깨우칠경	글귀구	가벼울경	벌 벌
丷 彐 彐 兼 兼	耳 耶 聕 職 職	丿 匕 顷 頃 頃	亠 亥 亥 刻 刻	日 旦 景 景 景	木 根 榸 槪 概	芍 苟 敬 警 警	丿 勹 勹 句 句	亘 車 車 輕 輕	冖 罒 罒 詈 罰
兼	職	頃	刻	景	概	警	句	輕	罰

傾	斜	境	遇	經	緯	驚	異	庚	壬
기울 경	비낄 사	지경 경	만날 우	날 경	씨 위	놀랄 경	다를 이	나이 경	북방 임
亻 化 佰 傾 傾	亼 今 余 余 斜	土 圹 培 境 境	日 禺 禺 遇 遇	幺 糹 紅 綛 經	糹 紵 緯 緯 緯	苟 敬 敬 驚 驚	口 田 田 畀 異	亠 广 庐 庚 庚	丿 二 千 壬
傾	斜	境	遇	經	緯	驚	異	庚	壬

更	張	競	走	慶	祝	京	鄉	硬	化
다시 갱	베풀 장	다툴 경	달릴 주	경사 경	빌 축	서울 경	고향 향	굳을 경	될 화
一 丆 百 更 更	弓 弓 弡 張 張	立 音 竟 竸 競	土 丰 丰 走 走	广 庐 声 應 慶	礻 礻 祀 祝 祝	亠 亡 古 亨 京	乡 乡 乡 鄉 鄉	石 砢 硕 硬 硬	丿 亻 亻 化
更	張	競	走	慶	祝	京	鄉	硬	化

桂	冠	階	段	鷄	鳴	啓	蒙	癸	巳
계수나무계	갓 관	차례계	수단단	닭 계	울 명	열 계	어릴몽	월경계	뱀 사
十 木 杜 桂 桂	冖 冗 冠 冠 冠	阝 阝 阝 階 階	亻 阝 段 段 段	奚 奚 鷄 鷄 鷄	口 口 口 鳴 鳴	戶 戶 啓 啓 啓	艹 艹 蒙 蒙 蒙	癶 癶 癸 癸 癸	乛 コ 巳
桂	冠	階	段	鷄	鳴	啓	蒙	癸	巳

繼	承	契	約	計	策	系	統	季	夏
이을계	이을승	맺을계	약속할약	셈할계	꾀 책	이을계	거느릴통	끝 계	여름하
幺 糸 糸 繼 繼	了 手 承 承 承	三 丰 刧 契 契	丿 幺 糸 約 約	亠 言 言 計 計	竹 竹 笞 策 策	丆 玄 乎 系	幺 糸 糸 統 統	二 千 禾 季 季	一 丆 百 夏 夏
繼	承	契	約	計	策	系	統	季	夏

考	古	苦	待	故	障	高	低	孤	舟
상고할 고	예 고	괴로울 고	기다릴 대	연고 고	막을 장	높을 고	낮을 저	외로울 고	배 주
十 土 耂 耂 考	一 十 十 古 古	丶 艹 艹 苦 苦	彳 彳 往 待 待	十 古 古 故 故	阝 阝 陪 障 障	亠 古 高 高 高	亻 仁 任 低	了 子 孑 孤 孤	′ 丿 冂 冃 舟
考	古	苦	待	故	障	高	抵	孤	舟

鼓	吹	哭	泣	曲	直	恭	敬	功	過
북 고	불 취	울 곡	울 읍	굽을 곡	곧을 직	공손할 공	공경할 경	공 공	허물 과
士 吉 壴 鼓 鼓	口 口 吖 吖 吹	口 吅 吅 哭 哭	氵 汁 汴 泣 泣	冂 巾 曲 曲 曲	十 冇 有 直 直	一 艹 共 恭 恭	艹 芍 苟 敬 敬	一 丅 工 玎 功	口 冂 冎 咼 過
鼓	吹	哭	泣	曲	直	恭	敬	功	過

恐	懼	空	欄	孔	孟	共	犯	攻	勢
두려울 공	두려워할 구	하늘 공	난간 란	구멍 공	맹랑할 맹	함께 공	범할 범	칠 공	기세 세
工 巩 巩 恐 恐 忄 㦬 㦬 㦬 懼		丶 宀 穴 空 空 木 椚 欄 欄 欄		乛 了 子 孔 了 子 孟 孟 孟		一 卄 廾 共 共 丿 犭 犭 犯 犯		丅 工 工 攻 攻 坴 埶 埶 勢 勢	
恐	懼	空	欄	孔	孟	共	犯	攻	勢

公	認	貢	獻	瓜	年	誇	示	課	程
공변될 공	인정할 인	바칠 공	드릴 헌	오이 과	해 년	자랑할 과	보일 시	부과할 과	법 정
丿 八 公 公 訁 訒 認 認 認		一 工 貢 貢 貢 虍 膚 獻 獻 獻		丿 厂 瓜 瓜 瓜 丿 𠂉 𠂇 年 年		言 言 誇 誇 誇 一 二 亍 示 示		言 言 諤 課 課 禾 和 程 程 程	
公	認	貢	獻	瓜	年	誇	示	課	程

關	係	慣	習	管	掌	貫	徹	寬	弘
빗장관	걸릴계	익숙할관	익힐습	대롱관	손바닥장	꿰뚫을관	뚫을철	너그러울관	넓을홍
關	係	慣	習	管	掌	貫	徹	寬	弘

廣	義	光	輝	掛	鐘	橋	脚	郊	外
넓을광	옳을의	빛 광	빛날휘	걸 괘	쇠북종	다리교	발 각	들 교	바깥외
廣	義	光	輝	掛	鐘	橋	脚	郊	外

校	庭	巧	拙	矯	弊	交	換	九	卿
학교 교	뜰 정	공교할 교	졸할 졸	바로잡을 교	폐단 폐	사귈 교	바꿀 환	아홉 구	벼슬 경
十 木 杧 校 校 广 庀 庭 庭 庭	一 丅 工 丂 巧 扌 扌 扌 扌 拙	上 矢 矮 矯 矯 敝 敝 敝 敝 弊	亠 六 六 交 交 扌 换 换 換 換	丿 九 乡 卯 卿 卿 卿					
校	庭	巧	拙	矯	弊	交	換	九	卿

狗	盜	丘	陵	驅	迫	具	備	拘	束
개 구	도둑 도	언덕 구	언덕 릉	달릴 구	핍박할 박	갖출 구	갖출 비	거리낄 구	묶을 속
丿 犭 犭 狗 狗 氵 次 次 盜 盜	一 厂 斤 斤 丘 阝 陆 陆 陵 陵	馬 馬 驅 驅 驅 亻 白 白 迫 迫	丨 冂 目 且 具 亻 伊 偌 備 備	扌 扌 扚 拘 拘 一 冖 曰 束 束					
狗	盜	丘	陵	驅	迫	具	備	拘	束

區	域	救	濟	構	造	俱	存	苟	且
구역 구	지경 역	구원할 구	구제할 제	얽을 구	지을 조	함께 구	있을 존	진실로 구	또 차
一 㔔 𠥓 品 區 / 土 圹 域 域 域	十 求 求 求 救 / 氵 氵 氵 濟 濟	木 栉 構 構 構 / 丿 生 告 造 造	亻 仴 但 俱 俱 / 一 ナ 才 存 存	艹 芍 苟 苟 苟 / 丨 冂 月 目 且					
區	域	救	濟	構	造	俱	存	苟	且

鷗	鶴	國	旗	局	限	群	衆	軍	港
갈매기 구	두루미 학	나라 국	기 기	형편 국	한정 한	무리 군	무리 중	군사 군	항구 항
區 區 鷗 鷗 鷗 / 隺 隺 鶴 鶴 鶴	囗 國 國 國 國 / 方 方 方 旂 旗	𠃌 コ 尸 局 局 / 阝 阝 阝 限 限	ヨ 尹 君 群 群 / 丶 血 衆 衆 衆	冖 冐 冒 宣 軍 / 氵 洪 洪 港 港					
鷗	鶴	國	旗	局	限	群	衆	軍	港

屈	伸	窮	谷	弓	矢	宮	廷	勸	獎
굽을굴	펼 신	궁할궁	골 곡	활 궁	화살시	집 궁	조정정	권할권	권면할장
尸 尸 屶 屶 屈	亻 亻 仴 伷 伸	宀 穴 窮 窮 窮	八 八 仌 谷 谷	㇆ コ 弓	ノ 𠂉 𠂉 矢 矢	宀 宀 宀 宀 宮	二 千 壬 廷 廷	艹 丱 雚 勸 勸	丨 丬 爿 將 獎
屈	伸	窮	谷	弓	失	宮	廷	勸	獎

權	座	拳	鬪	厥	者	龜	鑑	貴	賤
권세권	자리좌	주먹권	싸움투	그 궐	놈 자	거북귀	거울감	귀할귀	천할천
木 木 木 権 權	广 广 广 座 座	八 䒑 关 巻 拳	丨 鬥 鬥 鬪 鬪	厂 厂 厂 厥 厥	十 土 耂 者 者	𠂊 龜 龜 龜 龜	金 金 金 鑑 鑑	一 中 貴 貴 貴	貝 貝 貝 賤 賤
權	座	拳	鬪	厥	者	龜	鑑	貴	殘

歸	還	閨	門	規	範	均	適	克	己
돌아올 귀	돌아올 환	안방 규	문 문	법 규	법 범	고를 균	맞을 적	이길 극	몸 기
歸 歸 / 還		門 閨 閨 / 門 門		規 / 範		均 均 均 / 商 適 適		古 克 / 己	
歸	還	閨	門	規	範	均	適	克	己

根	幹	僅	少	謹	愼	勤	怠	金	塊
뿌리 근	줄기 간	겨우 근	적을 소	삼갈 근	삼갈 신	부지런할 근	게으를 태	쇠 금	덩어리 괴
根 根 / 幹 幹		僅 / 小 少		謹 / 愼		勤 勤 / 台 怠 怠		金 / 塊 塊	
根	幹	僅	少	謹	愼	勤	怠	金	塊

禽	獸	禁	慾	錦	貝	肯	定	棄	却
날짐승 금	길짐승 수	금할 금	욕심 욕	비단 금	조개 패	즐길 긍	정할 정	버릴 기	물리칠 각
人 今 禽 禽 禽 口 吅 嘼 獸 獸		十 木 林 埜 禁 八 谷 欲 慾 慾		스 今 金 錦 錦 冂 月 目 貝 貝		丨 上 止 肯 肯 宀 宀 宀 定 定		亠 云 㐬 棄 棄 一 土 去 却 却	
禽	獸	禁	慾	錦	貝	肯	定	棄	却

豈	敢	紀	綱	機	械	奇	怪	祈	求
어찌 기	감히 감	벼리 기	벼리 강	기계 기	기계 계	기이할 기	괴이할 괴	빌 기	구할 구
丨 山 山 豈 豈 干 耳 耳 敢 敢		幺 糸 紀 紀 紀 幺 糸 綱 綱 綱		木 機 機 機 機 木 杧 械 械 械		一 大 奇 奇 奇 丶 忄 怪 怪 怪		二 亍 示 祈 祈 一 十 才 求 求	
豈	敢	紀	綱	機	械	奇	怪	祈	求

企	圖	其	島	騎	馬	起	伏	飢	餓
꾀할기	그림도	그 기	섬 도	말탈기	말 마	일어날기	엎드릴복	주릴기	주릴아
人 个 仐 企 企 冂 冐 冐 圖 圖		一 卄 甘 甘 其 亻 户 鳥 島 島		𬺰 馬 馬 騎 騎 厂 𬺰 甲 馬 馬		土 キ 走 起 起 亻 仁 仕 伏 伏		𠆢 今 食 食 飢 食 飠 飠 餓 餓	
企	圖	其	島	騎	馬	起	伏	飢	餓

技	藝	記	載	寄	贈	基	礎	忌	避
재주기	재주예	적을기	실을재	부칠기	줄 증	터 기	주춧돌초	꺼릴기	피할피
扌 扌 扌 抆 技 埶 蓺 蓺 藝 藝		亠 言 言 訁 記 土 吉 車 載 載		宀 宀 安 客 寄 貝 貝 貯 贈 贈		卄 甘 其 基 基 石 砞 礎 礎 礎		ㄱ ㄱ 己 忌 忌 ㄱ 尸 吕 辟 避	
技	藝	記	載	寄	贈	基	礎	忌	避

畿	湖	旣	婚	緊	縮	吉	地	那	邊
경기 기	호수 호	이미 기	혼인할 혼	긴요할 긴	줄 축	길할 길	땅 지	어찌 나	가 변

難	忘	男	女	內	野	乃	至	奈	何
어려울 난	잊을 망	사내 남	계집 녀	안 내	들 야	이에 내	이를 지	어찌 내	어찌 하

努	力	奴	婢	怒	號	農	耕	濃	淡
힘쓸 노	힘 력	사내종 노	계집종 비	성낼 노	부르짖을 호	농사 농	밭갈 경	질을 농	묽을 담
女 女 奴 努 努	フ 力	𡿨 女 女 奴 奴	女 女 婢 婢 婢	女 女 奴 怒 怒	口 号 号 號 號	曲 曲 農 農 農	三 丰 耒 耕 耕	氵 氵 淠 濃 濃	氵 氵 氵 淡 淡
努	力	奴	婢	怒	號	農	耕	濃	淡

腦	炎	能	率	泥	巖	多	寡	茶	房
뇌 뇌	불꽃 염	능할 능	거느릴 솔	진흙 니	바위 암	많을 다	적을 과	차 다	방 방
月 月 脳 腦 腦	丷 火 炎 炎 炎	厶 台 能 能 能	亠 玄 率 率 率	氵 氵 沪 泥 泥	巖 巖 巖 巖 巖	ノ ク 夕 多 多	宀 宣 寡 寡 寡	艹 艹 茶 茶 茶	厂 戶 戶 房 房
腦	炎	能	率	泥	巖	多	寡	茶	房

端	緒	旦	夕	斷	續	丹	粧	但	只
끝 단	실마리 서	아침 단	저녁 석	끊을 단	이을 속	붉을 단	단장할 장	다만 단	다만 지
亠 立 竝 端 端	糹 紶 紼 緒 緒	丨 冂 日 日 旦	ノ ク 夕	𢆶 𢆶 𢇍 斷 斷	糹 紶 綪 續 續	丿 几 月 丹	米 粁 粧 粧 粧	亻 伋 但 但 但	丨 冂 口 只 只
端	緒	旦	夕	斷	續	丹	粧	但	只

短	針	擔	當	踏	査	糖	類	唐	詩
짧을 단	바늘 침	멜 담	마땅할 당	밟을 답	조사할 사	사탕 당	무리 류	당나라 당	시 시
𠂉 矢 矩 短 短	𠆢 今 金 金 針	扌 扩 护 擔 擔	𭕄 尚 尚 當 當	口 足 趴 跦 踏	一 十 木 杏 査	丷 米 粁 糖 糖	米 类 类 類 類	广 户 序 唐 唐	言 言 詰 詩 詩
短	針	擔	當	踏	査	糖	類	唐	詩

代	償	大	暑	對	酌	貸	借	陶	工
대신할대	갚을상	큰 대	더위서	대할대	잔질할작	빌릴대	빌 차	즐길도	장인공
ノ イ 仁 代 代	亻 亻" 亻" 償 償	一 ナ 大	日 旦 昇 暑 暑	" 丵 丵 對 對	丆 两 酉 酌 酌	亻 代 代 貸 貸	亻 亻 供 借 借	阝 阝 陶 陶 陶	一 丅 工
代	償	大	暑	對	酌	貸	借	陶	工

到	達	跳	梁	桃	李	逃	亡	渡	涉
이를도	통달할달	뛸 도	들보량	복숭아도	오얏리	달아날도	망할망	건널도	건널섭
至 至 至 到 到	土 垚 幸 達 達	𧾷 趴 趴 跳 跳	汈 汈 沏 梁 梁	一 十 木 李 李	木 杉 杉 桃 桃	丿 丬 兆 兆 逃	丶 亠 亡	氵 沪 浐 渡 渡	氵 汁 泮 泮 涉
到	達	跳	梁	桃	李	逃	亡	渡	涉

稻	雲	挑	戰	毒	蛇	獨	創	督	促
벼 도	구름 운	돋울 도	싸움 전	독할 독	뱀 사	홀로 독	상할 창	감독할 독	재촉할 촉
禾 秆 秤 稻 稻	一 币 雨 雲 雲	扌 扌 扎 挑 挑	吅 罒 單 戰 戰	十 圭 吉 毒 毒	中 虫 虻 虵 蛇	犭 犭 猸 獨 獨	人 今 倉 倉 創	上 卡 未 督 督	亻 仁 仁 伻 促
稻	雲	挑	戰	毒	蛇	獨	創	督	促

豚	犬	敦	篤	凍	結	冬	嶺	洞	里
돼지 돈	개 견	도타울 돈	두터울 독	얼 동	맺을 결	겨울 동	재 령	골 동	마을 리
月 肝 肕 豚 豚	一 ナ 大 犬	亠 享 享 敦 敦	⺮ 竹 竹 篤 篤	冫 冫 洹 凍 凍	幺 糸 紅 結 結	ノ ク 夂 冬 冬	丶 山 岺 嶺 嶺	氵 汩 洞 洞 洞	口 日 甲 里 里
豚	犬	敦	篤	凍	結	冬	嶺	洞	里

東	西	銅	錢	動	靜	同	胞	童	話
동녘 동	서녘 서	구리 동	돈 전	움직일 동	고요할 정	한가지 동	태보 포	아이 동	말할 화
丙 百	申 東 東	亼 今	金 釦 銅	旨 重	重 動 動	丨 冂	冂 同 同	亠 立	音 音 童
一 丆	丙 西 西	亼 金	金 銭 錢	十 青	靑 静 靜	丿 月	肑 肑 胞	言 訁	訃 話 話
東	西	銅	錢	動	靜	同	胞	童	話

豆	太	得	失	等	級	登	庸	羅	列
콩 두	클 태	얻을 득	잃을 실	무리 등	등급 급	오를 등	떳떳할 용	벌일 라	벌일 렬
一 丆 戸	百 豆	彳 㝵	㝵 得 得	⺮ ⺮	竺 等 等	癶 癶	癶 登 登	罒 罕	罕 羅 羅
一 ナ	大 太	ノ 𠂉	二 失 失	幺 糸	糹 級 級	广 庐	肩 肩 庸	一 歹	歹 列 列
豆	太	得	失	等	級	登	庸	羅	列

洛	花	爛	漫	濫	用	郎	君	朗	報
물 락	꽃 화	빛날 란	부질없을 만	넘칠 람	쓸 용	사내 랑	임금 군	밝을 랑	갚을 보
氵 氵 汐 洛 洛	丶 艹 艹 花 花	火 燗 燗 爛 爛	氵 浧 浧 漫 漫	氵 濫 濫 濫 濫	丿 冂 月 月 用	丶 彐 良 郎 郎	乛 ⺕ 尹 君 君	丶 良 良 朗 朗	土 幸 幸 報 報
洛	花	爛	漫	濫	用	郎	君	朗	報

掠	奪	糧	穀	兩	班	諒	察	旅	館
노략질할 략	빼앗을 탈	양식 량	곡식 곡	두 량	나눌 반	살필 량	살필 찰	나그네 려	집 관
扌 扌 掠 掠 掠	大 夺 奞 奪 奪	丷 米 糧 糧 糧	士 壳 壳 穀 穀	一 冂 币 兩 兩	丅 王 玨 班 班	言 訁 諒 諒 諒	宀 宀 察 察 察	方 方 㫃 旅 旅	今 食 館 館 館
掠	奪	糧	穀	兩	班	諒	察	旅	館

曆	法	連	絡	聯	盟	戀	慕	鍊	武
책력력	법 법	연할련	이을락	잇닿을련	맹세할맹	사모할련	사모할모	단련할련	호반무
一 厂 厈 厤 曆	氵 汁 汢 法 法	一 亘 車 連 連	幺 糸 紗 絡 絡	耳 聯 聯 聯 聯	日 明 明 盟 盟	言 結 結 戀 戀	艹 莫 莫 慕 慕	金 鉶 鉶 鍊 鍊	一 丁 正 武 武
曆	法	連	絡	聯	盟	戀	慕	練	武

憐	憫	蓮	葉	烈	士	廉	恥	零	細
가련할련	가련할민	연 련	잎사귀엽	매울렬	선비사	청렴할렴	부끄러울치	작을령	가늘세
忄 怜 憐 憐 憐	忄 忄 憫 憫 憫	艹 苩 莗 蓮 蓮	艹 苹 葉 葉 葉	歹 歹 列 列 烈	一 十 士	广 产 廉 廉 廉	丅 E 耳 恥 恥	雨 雨 零 零 零	幺 糸 紅 細 細
憐	憫	蓮	葉	烈	士	廉	恥	零	細

靈	魂	禮	儀	老	娘	勞	賃	樓	閣
신령령	넋혼	예도례	거동의	늙을로	각시낭	노곤할로	품팔이임	다락루	누각각
霝霝靈靈	云云鬼魂魂	礻礻禮禮禮	亻伃儀儀儀	十土耂老老	女女妌娘娘	艹丱丱丱勞	亻仁任賃賃	木杧杧樓樓	丨冂門門閣閣
靈	魂	禮	儀	老	娘	勞	賃	樓	閣

累	卵	漏	電	屢	條	六	洲	栗	梨
여러루	알란	샐루	번개전	자주루	가지조	여섯륙	물가주	밤률	배리
冂田田累累 乙卩卯卯		氵沪涓漏漏 一一雷雷電		尸戸屎屢屢 亻伫攸條條		丶一六六 氵氵汎洲洲		一西西栗栗 千禾利梨梨	
累	卵	漏	電	屢	條	六	洲	栗	梨

隆	替	吏	屬	隣	郡	莫	上	蠻	勇
높을 륭	바꿀 체	관리 리	붙을 속	이웃 린	고을 군	아닐 막	위 상	오랑캐 만	날랠 용
阝 阾 陊 降 隆	二 夫 扶 替 替	一 丆 口 吏 吏	尸 尸 屌 屬 屬	阝 阝 隣 隣 隣	彐 尹 君 郡 郡	艹 节 苩 莫 莫	一 卜 上	言 絲 絲 蠻 蠻	丙 丙 甬 勇 勇
隆	替	吏	屬	隣	郡	莫	上	蠻	勇

滿	潮	罔	極	妄	言	梅	蘭	賣	買
찰 만	조수 조	없을 망	지극할 극	망녕될 망	말씀 언	매화 매	난초 란	팔 매	살 매
汁 湍 湍 滿 滿	氵 淖 淖 潮 潮	冂 冈 罔 罔 罔	木 朾 柯 極 極	亠 亡 妄 妄 妄	亠 言 言 言 言	木 杧 梅 梅 梅	艹 門 蕳 蘭 蘭	士 壵 賣 賣 賣	冖 罒 罒 買 買
滿	潮	罔	極	妄	言	梅	蘭	賣	買

每	樣	埋	葬	猛	襲	盲	信	勉	勵
매양 매	모양 양	묻을 매	장사 장	사나울 맹	엄습할 습	소경 맹	믿을 신	힘쓸 면	힘쓸 려

每 樣 埋 葬 猛 襲 盲 信 勉 勵

綿	延	冥	鬼	名	譽	謀	叛	模	倣
솜 면	끌 연	어두울 명	귀신 귀	이름 명	기릴 예	꾀할 모	배반할 반	본뜰 모	본받을 방

綿 延 冥 鬼 名 譽 謀 叛 模 倣

募	兵	矛	盾	沐	浴	木	材	牧	笛
모을모	군사병	창 모	방패순	축일목	목욕할욕	나무목	재목재	다스릴목	저 적
艹 昔 莫 募 募	亻 仁 斤 丘 兵	フ マ 予 予 矛	厂 斤 斤 盾 盾	氵 氵 汁 汁 沐	氵 氵 泬 浴 浴	一 十 才 木	十 木 村 材 材	𠂉 牛 牛 牜 牧	⺮ 竹 笛 笛 笛
募	兵	矛	盾	沐	浴	木	材	牧	笛

沒	我	卯	酉	茂	盛	戊	戌	貿	易
빠질몰	나 아	토끼묘	닭 유	무성할무	성할성	천간무	개 술	무역할무	바꿀역
氵 氵 沪 沒 沒	一 于 手 我 我	丿 𠂎 卯 卯 卯	丆 丙 西 酉 酉	艹 艹 芹 茂 茂	厂 成 成 盛 盛	丿 厂 戊 戊 戊	丿 厂 戌 戌 戌	𠂎 卯 卯 貿 貿	口 日 昜 易 易
沒	我	卯	酉	茂	盛	戊	戌	貿	易

默	念	問	答	聞	音	勿	論	微	妙
말없을 묵	생각 념	물을 문	대답할 답	들을 문	소리 음	말 물	논의할 론	작을 미	묘할 묘
口 甲 里 默 默	人 亼 今 念 念	𠃍 𨳇 門 門 問	⺮ 竹 笑 答 答	𠃍 門 門 聞 聞	亠 立 音 音 音	ノ 勹 勿 勿	言 訃 訡 論 論	彳 彷 彳 徉 微	女 女 如 妙 妙
默	念	問	答	聞	音	勿	論	微	妙

眉	壽	美	醜	迷	惑	拍	手	返	納
눈썹 미	목숨 수	아름다울 미	더러울 추	미혹할 미	미혹할 혹	손뼉칠 박	손 수	돌이킬 반	들일 납
ㄱ ㅋ 尸 屌 眉	士 壴 壴 壽 壽	䒑 丷 𦍌 美 美	酉 酌 酭 醜 醜	丷 半 米 迷 迷	亘 或 或 惑 惑	一 十 扌 拍 拍	ノ 二 三 手	一 厂 反 反 返	幺 糸 約 納 納
眉	壽	美	醜	迷	惑	拍	手	返	納

盤	石	飯	湯	反	響	發	着	傍	觀
쟁반 반	돌 석	밥 반	끓일 탕	돌이킬 반	울릴 향	떠날 발	붙을 착	곁 방	볼 관
㐱 舟 般 盤	一 ア 石 石	今 食 飣 飯	氵 沪 浔 湯 湯	一 厂 反 反	乡 郷 響 響	癶 癸 發 發	䒑 羊 着 着	亻 仿 傍 傍	艹 雚 觀 觀

盤	石	飯	湯	反	響	發	着	傍	觀

放	恣	芳	草	方	寸	妨	害	倍	加
놓을 방	방자할 자	꽃다울 방	풀 초	모 방	마디 촌	방해할 방	해칠 해	더할 배	더할 가
方 方 㫃 放 放	冫 次 恣 恣	艹 艻 芳 芳	艹 芦 苩 草	丶 亠 方 方	一 寸 寸	女 女 妨 妨	宀 宝 害 害	亻 亻 倍 倍	㇇ 力 加 加

放	恣	芳	草	方	寸	妨	害	倍	加

背	泳	排	斥	配	匹	白	髮	百	姓
등 배	헤엄칠 영	물리칠 배	벌일 척	짝 배	짝 필	흰 백	머리털 발	일백 백	성 성
背	泳	排	斥	配	匹	白	髮	百	姓

伯	氏	煩	惱	飜	譯	繁	昌	汎	愛
맏 백	각시 씨	번거로울 번	괴로와할 뇌	펄럭일 번	통역할 역	번성할 번	창성할 창	뜰 범	사랑 애
伯	氏	煩	惱	飜	譯	繁	昌	汎	愛

碧	溪	辨	理	變	貌	辯	才	病	菌
푸를 벽	시내 계	분별할 변	다스릴 리	변할 변	모양 모	말잘할 변	재주 재	병 병	버섯 균
碧	溪	辨	理	變	貌	辯	才	病	菌

竝	立	丙	寅	屛	風	寶	劍	普	及
아우를 병	설 립	남녘 병	동방 인	병풍 병	바람 풍	보배 보	칼 검	널리 보	미칠 급
竝	立	丙	寅	屛	風	寶	劍	普	及

保	衛	補	佐	復	舊	卜	術	複	雜
지킬보	지킬위	기울보	도울좌	회복할복	예·옛구	점 복	재주술	겹칠복	섞일잡
亻 伊 伊 保 保		衤 衤 衦 補 補		彳 彳 復 復 復		丨 卜		衤 衤 複 複 複	
彳 衛 衛 衛 衛		亻 仁 什 佐 佐		艹 萑 萑 舊 舊		彳 什 術 術 術		亲 亲 新 新 雜	
保	衛	補	佐	復	舊	卜	術	複	雜

峯	頭	蜂	蜜	逢	別	封	墳	奉	仕
봉우리봉	머리두	벌 봉	꿀 밀	만날봉	다를별	봉할봉	무덤분	받들봉	섬길사
山 岁 岁 峯 峯		虫 虫 蚁 蜂 蜂		夂 夆 夆 逢 逢		土 圭 圭 封 封		三 夫 夫 奉 奉	
口 豆 頭 頭 頭		宀 宓 宓 蜜 蜜		口 另 另 別 別		土 土 坮 墳 墳		丿 亻 仁 什 仕	
峯	頭	蜂	蜜	逢	別	封	墳	奉	仕

鳳	枕	副	官	父	母	夫	婦	府	使
봉새 봉	베개 침	버금 부	벼슬 관	아버지 부	어머니 모	사내 부	며느리 부	고을 부	하여금 사
几 凡 凧 鳯 鳳	木 朩 杧 枕 枕	𠮷 畐 畐 副 副	宀 宀 宁 官 官	丿 八 父 父	乚 凵 母 母 母	一 二 夫 夫	女 女 妇 婦 婦	亠 广 府 府 府	亻 亻 但 使 使
鳳	枕	副	官	父	母	夫	婦	府	使

部	署	賦	役	赴	任	符	籍	扶	助
거느릴 부	관청 서	구실 부	부릴 역	다다를 부	맡길 임	부신 부	서적 적	도울 부	도울 조
亠 立 音 部 部	冖 罒 罢 署 署	貝 貯 賦 賦 賦	彳 彳 彸 役 役	土 丰 走 赴 赴	亻 亻 仁 任 任	⺮ 竹 符 符 符	笙 籍 籍 籍 籍	扌 扌 扌 扶 扶	冂 目 且 助 助
部	署	賦	役	赴	任	符	籍	扶	助

付	紙	浮	沈	分	裂	粉	末	奔	忙
붙일 부	종이 지	뜰 부	잠길 침	나눌 분	찢을 렬	가루 분	끝 말	달아날 분	바쁠 망
丿 亻 仁 付 付	幺 糸 紅 紙 紙	氵 氵 氵 浮 浮	氵 氵 氵 沈 沈	丿 八 分 分	歹 列 列 裂 裂	丷 米 米 粉 粉	一 二 丰 末 末	大 本 夲 奔 奔	丷 忄 忄 忙 忙
付	紙	浮	沈	分	裂	粉	末	奔	忙

紛	爭	不	敏	佛	寺	崩	壞	朋	友
어지러울 분	다툴 쟁	아닐 불	민첩할 민	부처 불	절 사	무너질 붕	무너질 괴	벗 붕	벗 우
幺 糸 紒 紛 紛	爫 爭 爭 爭 爭	一 ア 不 不	𠂉 每 每 每 敏	亻 仁 佀 佛 佛	十 土 圭 寺 寺	山 屵 屵 崩 崩	坾 壇 壞 壞 壞	丿 刀 月 朋 朋	一 ナ 方 友
紛	爭	不	敏	佛	寺	崩	壞	朋	友

比	較	肥	料	碑	銘	祕	密	悲	愁
견줄비	견줄교	살찔비	헤아릴료	비석비	새길명	숨길비	빽빽할밀	슬플비	근심수
一 上 上 比 亘 車 軒 軨 較		月 月 肝 肥 肥 丷 半 米 米 料		石 砷 砷 碑 碑 牟 金 釸 銘 銘		礻 祁 祕 祕 祕 宀 宓 宓 密 密		丿 ヲ 非 非 悲 千 禾 秋 愁 愁	
比	較	肥	料	碑	銘	祕	密	悲	愁

鼻	祖	批	評	飛	火	貧	富	頻	數
코 비	할아비조	비평할비	평론할평	날 비	불 화	가난할빈	넉넉할부	자주빈	셀 수
自 鳥 畠 畠 鼻 亍 示 礼 祖 祖		扌 扌 扎 扎 批 言 言 訂 評 評		飞 飞 飛 飛 飛 丶 丷 少 火		分 分 貧 貧 貧 宀 宫 富 富 富		止 步 步 頻 頻 昌 婁 婁 數 數	
鼻	祖	批	評	飛	火	貧	富	頻	數

氷	炭	事	件	邪	見	斯	界	詐	欺
얼음 빙	숯 탄	일 사	사건 건	간사할 사	볼 견	이 사	지경 계	속일 사	속일 기
冫 冫 汁 冰 冰	山 屵 岸 岸 炭	一 亏 亐 亊 事	亻 亻 亻 仁 件	匚 牙 牙 邪 邪	冂 月 目 貝 見	一 廾 其 斯 斯	冂 罒 田 畀 界	言 言 訁 訐 詐	一 廾 其 欺 欺
氷	炭	事	件	邪	見	斯	界	詐	欺

沙	漠	私	腹	寫	本	賜	宴	絲	雨
모래 사	사막 막	사사 사	배 복	베낄 사	근본 본	줄 사	잔치 연	실 사	비 우
氵 氵 沙 沙 沙	氵 氵 滂 漠 漠	二 千 禾 私 私	月 肝 胂 腹 腹	宀 宀 宜 寫 寫	一 十 才 木 本	貝 貝 貝 賜 賜	宀 宀 宴 宴 宴	幺 糸 糸 絲 絲	一 冂 币 雨 雨
沙	漠	私	腹	寫	本	賜	宴	絲	雨

社	員	思	惟	謝	恩	史	蹟	射	亭
모일 사	관원 원	생각 사	생각할 유	사례할 사	은혜 은	역사 사	자취 적	쏠 사	정자 정
亍 亓 示 礻 社	冂 口 目 員 員	口 罒 田 思 思	忄 忄 忄 惟 惟	言 訁 諍 謝 謝	冂 因 因 恩 恩	丨 口 口 史 史	𧾷 足 跬 蹟 蹟	身 身 身 射 射	亠 亩 亭 亭 亭
社	員	思	惟	謝	恩	史	蹟	射	亭

師	弟	四	柱	死	活	司	會	山	頂
스승 사	아우 제	넉 사	기둥 주	죽을 사	살 활	맡을 사	모을 회	메 산	정수리 정
亻 户 自 帥 師	丷 弓 弟 弟	丨 冂 四 四 四	木 朩 杧 柱 柱	一 歹 歹 死 死	氵 汀 汗 活 活	𠃌 ㄱ 司 司 司	亼 侖 會 會 會	丨 山 山	丁 丆 頂 頂 頂
師	弟	四	柱	死	活	司	會	山	頂

森	林	三	杯	霜	菊	桑	麻	祥	夢
빽빽할 삼	수풀 림	석 삼	잔 배	서리 상	국화 국	뽕나무 상	삼 마	상서로울 상	꿈 몽
十 木 朩 朩 森	十 木 村 材 林	一 二 三	十 木 朾 杯 杯	艹 芍 芍 菊 菊 (菊) / 一 雨 雨 霜 霜 (霜)	艹 芍 芍 菊 菊	又 叒 叒 桑 桑	一 广 广 麻 麻	亍 示 礻 祥 祥	艹 苎 苗 夢 夢
森	林	三	杯	霜	菊	桑	麻	祥	夢

嘗	味	喪	服	相	似	象	牙	賞	狀
맛볼 상	맛 미	잃을 상	옷 복	서로 상	같을 사	코끼리 상	어금니 아	상줄 상	문서 장
尚 嘗 嘗 嘗	口 口 吽 咮 味	喪 喪 喪 喪	月 月 肌 服 服	十 木 札 相 相	亻 化 仳 似 似	象 象 象 象	一 二 牙 牙	尚 賞 賞 賞	丨 爿 爿 狀 狀
嘗	味	喪	服	相	似	象	牙	賞	狀

商	店	色	彩	書	架	庶	幾	徐	步
장사 상	가게 점	빛 색	채색 채	글 서	시렁 가	여러 서	몇 기	천천할 서	걸음 보
亠 亣 冂 商 商	亠 广 庀 庐 店	⺈ 夕 夕 刍 色	⺈ 爫 平 采 彩	⺕ 聿 聿 書 書	刁 力 加 架 架	广 广 庐 庐 庶	丝 丝 丝 幾 幾	彳 彸 徐 徐 徐	卜 止 止 步 步
商	店	色	彩	書	架	庶	幾	徐	步

敍	述	恕	之	惜	敗	旋	律	鮮	明
펼 서	지을 술	용서할 서	갈 지	아까울 석	패할 패	돌아올 선	법 률	고울 선	밝을 명
亽 余 叙 叙 敍	十 木 朮 述 述	夂 女 如 恕 恕	丶 亠 ㇇ 之	丶 忄 忄 惜 惜	冂 目 貝 貯 敗	亠 方 方 旋 旋	彳 彳 伊 律 律	角 角 魚 鮮 鮮	冂 日 明 明 明
敍	述	恕	之	惜	敗	旋	律	鮮	明

한자	훈음	필순
先	먼저 선	⺊ 牛 生 先 先
輩	무리 배	丿 ㅋ 非 輩 輩
船	배 선	舟 舟 舟 舡 船
積	쌓을 적	禾 秆 秸 積 積
宣	베풀 선	宀 宀 宣 宣 宣
布	베풀 포	ノ ナ 才 布 布
城	재 성	圵 坊 城 城 城
郭	외성 곽	亠 享 享 郭 郭
省	살필 성	丨 小 少 省 省
墓	무덤 묘	艹 芇 莫 莫 墓

한자	훈음	필순
聲	소리 성	士 声 殸 聲 聲
調	고를 조	言 訂 訶 調 調
歲	세월 세	卜 广 歨 歲 歲
費	쓸 비	一 弓 弗 弗 費
洗	씻을 세	氵 汁 泩 洗 洗
濯	빨래할 탁	氵 汈 汈 濯 濯
騷	시끄러울 소	馬 馭 馭 騷 騷
客	손 객	宀 夕 安 客 客
所	바 소	厂 戶 所 所 所
期	기약할 기	廾 甘 其 期 期

召	命	素	朴	昭	詳	蘇	生	訴	訟
부를 소	목숨 명	흴 소	순박할 박	밝을 소	자세할 상	깨어날 소	날 생	하소연할 소	송사할 송
ㄱ 刀 刀 召 召		十 丰 妻 素 素		日 日ㄱ 昭 昭 昭		艹 蘇 蘇 蘇 蘇		亠 言 訁 訟 訟	
人 亼 合 合 命		一 十 木 朴 朴		亠 言 訁 詳 詳		ノ 𠂉 牛 生 生		言 訂 訢 訴 訴	
召	命	素	朴	昭	詳	蘇	生	訴	訟

小	臣	消	息	掃	除	疎	忽	粟	米
작을 소	신하 신	끌 소	숨쉴 식	쓸 소	덜 제	성길 소	문득 홀	조 속	쌀 미
亅 小 小		氵 氵 氵 消 消		扌 扫 掃 掃 掃		𧾷 距 距 疎 疎		覀 覀 覀 粟 粟	
一 丅 丏 丏 臣		丿 白 自 息 息		阝 阝 阾 除 除		ノ 勹 勿 忽 忽		丶 丷 半 米 米	
小	臣	消	息	掃	除	疎	忽	粟	米

損	益	誦	讀	松	柏	送	迎	衰	殘
상할 손	더할 익	욀 송	읽을 독	솔 송	잣나무 백	보낼 송	맞을 영	쇠할 쇠	남을 잔
扌 扌 扌 捐 損		言 言 訁 誦 誦		十 木 朩 松 松		丷 兰 关 送 送		亠 亡 宀 衰 衰	
八 六 谷 益 益		言 言 譚 讀 讀		十 木 朩 柏 柏		匚 卬 卬 迎 迎		歹 歹 殘 殘 殘	
損	益	誦	讀	松	柏	送	迎	衰	殘

需	給	修	了	誰	某	首	尾	隨	想
구할 수	줄 급	닦을 수	마칠 료	누구 수	아무 모	머리 수	꼬리 미	따를 수	생각 상
干 雨 雫 需 需		亻 亻 亻 攸 修		言 訁 訁 誰 誰		丷 艹 首 首 首		阝 阝 阝 隋 隨	
幺 糸 紒 給 給		了 了		一 廿 甘 苷 某		一 コ 尸 尸 尾		木 朩 相 想 想	
需	給	修	了	誰	某	首	尾	隨	想

授	受	雖	然	收	穫	熟	練	宿	昔
줄 수	받을 수	비록 수	그럴 연	거둘 수	거둘 확	익을 숙	익힐 련	잘 숙	옛 석
扌 扌 扌 扌 授	一 爫 爫 受 受	口 虽 虽 雖 雖	ク 夕 夕 然 然	丨 丩 丩 收 收	禾 秆 秆 穫 穫	亨 享 孰 孰 熟	糹 紅 綀 練 練	宀 宀 宀 宿 宿	一 廾 廾 昔 昔
授	受	雖	然	收	穫	熟	練	宿	昔

孰	哉	叔	姪	瞬	間	殉	教	旬	朔
누구 숙	어조사 재	아재비 숙	조카 질	눈깜짝할 순	사이 간	따라죽을 순	가르칠 교	열흘 순	초하루 삭
亨 享 享 孰 孰	土 吉 哉 哉 哉	上 卡 未 叔 叔	女 女 姪 姪 姪	目 盼 盼 瞬 瞬	尸 門 門 門 間	一 歹 歹 殉 殉	土 孝 孝 教 教	ノ 勹 勺 旬 旬	丷 屰 屰 朔 朔
孰	哉	叔	姪	瞬	間	殉	教	旬	朔

巡	視	順	逆	純	乎	循	環	崇	尙
순행할 순	볼 시	순할 순	거스를 역	순수할 순	어조사 호	두루돌 순	고리 환	높일 숭	오히려 상
〈 巛 巛 巡 巡 / 亍 礻 礻 視 視		川 川 順 順 順 / 䒑 屰 屰 逆 逆		幺 糸 糸 純 純 / 丿 丷 丷 乎 乎		彳 彳 循 循 循 / 王 王 環 環 環		山 屮 崇 崇 崇 / 丨 小 尙 尙 尙	
巡	視	順	逆	純	乎	循	環	崇	尙

拾	遺	昇	降	勝	負	僧	俗	乘	醉
주울 습	끼칠 유	오를 승	내릴 강	이길 승	짐질 부	중 승	풍속 속	탈 승	취할 취
扌 扌 扌 拾 拾 / 一 中 貴 遺 遺		冂 日 旦 昇 昇 / 阝 阝 阝 降 降		月 月 勝 勝 勝 / 丿 ク 負 負 負		亻 僧 僧 僧 僧 / 亻 亻 俗 俗 俗		二 乖 乖 乘 乘 / 丙 酉 酉 醉 醉	
拾	遺	昇	降	勝	負	僧	俗	乘	醉

市	街	是	非	施	設	始	終	侍	從
저자 시	거리 가	옳을 시	아닐 비	베풀 시	베풀 설	비로소 시	마칠 종	모실 시	좇을 종
亠 广 市 市	彳 徍 徍 徍 街	口 旦 昰 昰 是	丿 ⺆ 非 非 非	方 扩 斿 斿 施	言 言 訁 訬 設	女 女 女 始 始	幺 糸 約 終 終	亻 仕 侍 侍 侍	彳 彴 從 從 從
市	街	是	非	施	設	始	終	侍	從

試	驗	食	堂	植	樹	申	告	辛	未
시험할 시	시험할 험	밥 식	집 당	심을 식	나무 수	납 신	알릴 고	매울 신	아닐 미
言 言 訁 試 試	厂 馬 馬 驗 驗	今 今 食 食 食	丶 ⺌ 尚 堂 堂	十 木 村 植 植	木 桔 桔 樹 樹	丨 冂 日 日 申	丿 牛 牛 告 告	亠 立 立 辛 辛	一 二 キ 未 未
試	驗	食	堂	植	樹	申	告	辛	未

神	仙	晨	昏	深	潭	尋	訪	審	判
귀신 신	신선 선	새벽 신	어두울 혼	깊을 심	못 담	찾을 심	찾을 방	살필 심	판단할 판
神	仙	晨	昏	深	潭	尋	訪	審	判

十	升	雙	淚	亞	流	阿	附	眼	鏡
열 십	되 승	쌍 쌍	눈물 루	버금 아	흐를 류	언덕 아	붙을 부	눈 안	거울 경
十	升	雙	淚	亞	流	阿	附	眼	鏡

雁	鴻	謁	聖	暗	黑	仰	請	涯	際
기러기안	큰기러기홍	뵈올알	성인성	어두울암	검을흑	우러를앙	청할청	물가애	사귈제
厂 厂 厈 雁 雁	氵 氵 沪 鴻 鴻	言 訁 謁 謁 謁	厂 耳 耶 聖 聖	日 旷 暗 暗 暗	冂 罒 罒 黒 黑	亻 亻 化 仰 仰	言 訁 請 請 請	氵 汀 沂 涯 涯	阝 阝 際 際 際
雁	鴻	謁	聖	暗	黑	仰	請	涯	際

哀	歡	也	矣	耶	兮	若	茲	楊	柳
슬플애	기뻐할환	어조사야	어조사의	어조사야	어조사혜	같을약	이 자	버들양	버들류
亠 声 哀 哀 哀	艹 䒑 雚 歡 歡	乛 ヵ 也	厶 乡 去 矣 矣	厂 耳 耳 耶 耶	丿 八 公 兮	艹 艹 芊 若 若	十 艹 艹 茲 茲	木 栂 栂 楊 楊	木 杉 柳 柳 柳
哀	歡	也	矣	耶	兮	若	茲	楊	柳

揚	陸	羊	毛	養	蠶	洋	畫	御	床
날릴양	뭍 륙	양 양	털 모	기를양	누에잠	바다양	그을획	어거할어	평상상
扌 扣 抯 揭 揚	阝 阝 阹 陸 陸	丷 䒑 兰 兰 羊	一 二 三 毛	䒑 美 养 養 養	兂 兓 朁 蠶 蠶	氵 氵 氵 洋 洋	彐 聿 聿 書 畫	彳 彳 往 御 御	亠 广 户 庄 床
揚	陸	羊	毛	養	蠶	洋	畫	御	床

於	焉	語	節	漁	獲	億	萬	抑	壓
어조사어	어찌언	말씀어	마디절	고기잡을어	얻을획	억 억	일만만	누를억	누를압
亠 方 方 於 於	丆 正 焉 焉 焉	言 訂 語 語 語	竹 筫 節 節 節	氵 汋 渔 漁 漁	犭 犷 犷 獲 獲	亻 倍 倍 億 億	艹 苜 萬 萬 萬	扌 扌 扌 抑 抑	厂 厈 厭 厭 壓
於	焉	語	節	漁	獲	億	萬	仰	壓

嚴	肅	業	績	輿	望	汝	余	予	曰
엄할엄	엄숙할숙	업 업	길쌈할적	수레여	바랄망	너 여	나 여	나 여	가로왈
严 严 严 嚴 嚴 肀 肀 肀 肅 肅		业 丵 丵 業 業 幺 糸 紆 績 績		亻 偅 興 輿 輿 亡 亡 亡 望 望		氵 氵 汉 汝 汝 人 亼 今 余 余		乛 マ 予 予 丨 冂 日 曰	
嚴	肅	業	績	輿	望	汝	余	予	曰

餘	韻	亦	如	疫	疾	鉛	鑛	研	究
남을여	운치운	또 역	같을여	염병역	병 질	납 연	쇳돌광	연구할연	궁구할구
今 食 飠 飠 餘 音 韵 韻 韻 韻		亠 亣 亣 亦 亦 女 女 如 如 如		亠 广 疒 疒 疫 亠 广 疒 疒 疾		亼 今 金 鉛 鉛 金 鏟 鏞 鑛 鑛		石 砳 研 研 研 丶 宀 穴 究 究	
餘	韻	亦	如	疫	疾	鉛	鑛	研	究

演	壇	燕	麥	燃	燒	沿	岸	軟	弱
설명할 연	제터 단	제비 연	보리 맥	불탈 연	불사를 소	내려갈 연	언덕 안	연할 연	약할 약
氵 浐 湇 演 演	土 圹 垧 壇 壇	廿 苩 茈 燕 燕	从 来 夾 麦 麥	火 炒 燃 燃 燃	火 炷 燒 燒 燒	氵 氵 沿 沿 沿	山 岂 岸 岸 岸	亘 車 軟 軟 軟	弓 弓 弱 弱 弱

緣	由	硯	滴	煙	戶	鹽	酸	英	傑
인연 연	말미암을 유	벼루 연	물방울 적	연기 연	지게 호	소금 염	실 산	꽃부리 영	뛰어날 걸
糸 紀 緣 緣 緣	丨 冂 巾 由 由	石 矶 硯 硯 硯	氵 氵 滴 滴 滴	火 炬 煙 煙 煙	一 厂 戶 戶	丨 臣 鹽 鹽 鹽	丙 酉 酢 酸 酸	艹 艹 英 英 英	亻 亻 傑 傑 傑

榮	枯	永	遠	映	窓	銳	鈍	吾	黨
영화 영	마를 고	길 영	멀 원	비칠 영	창 창	날카로울 예	둔할 둔	나 오	무리 당
⺍ 炏 𤇾 榮	十 朩 朴 枯 枯	丶 亅 永 永	土 袁 遠 遠	冂 日 映 映	宀 穴 空 窓 窓	金 鈖 鈖 銳	金 釒 鈍 鈍	丆 五 吾 吾	⺌ 尚 堂 黨
榮	枯	永	遠	映	窓	銳	鈍	吾	黨

梧	桐	五	倫	傲	慢	午	睡	汚	辱
오동나무 오	오동나무 동	다섯 오	인륜 륜	거만할 오	거만할 만	낮 오	졸 수	더러울 오	욕 욕
木 朾 梧 梧	十 木 桐 桐	一 丅 五 五	亻 倫 倫 倫	亻 傲 傲 傲	忄 慢 慢 慢	丿 午 午	睡 睡 睡	氵 汚 汚 汚	厂 辰 辱 辱
梧	桐	五	倫	傲	慢	午	睡	汚	辱

烏	竹	玉	篇	溫	冷	翁	姑	臥	龍
까마귀 오	대 죽	구슬 옥	책 편	따뜻할 온	찰 랭	늙은이 옹	시어미 고	누울 와	용 룡
丿户户烏烏 ノ ト ヶ ケ 竹		一 ㄎ 干 王 玉 ᅩ ᅩ ᅩ 篇 篇 篇		氵汀沪淠溫 丶冫次冷冷		公兮爷翁翁 ㄑ 女 女 姑 姑		丶 ㅋ 臣 臣 臥 一 ㄷ 户 臣 臥	
烏	竹	玉	篇	溫	冷	翁	姑	臥	龍

緩	急	完	遂	往	來	王	妃	畏	兄
느릴 완	급할 급	완전할 완	드디어 수	갈 왕	올 래	임금 왕	왕비 비	두려워할 외	맏 형
糸 紉 經 緩 緩 ク 乌 乌 急 急		宀宀宀宁完 ㄥ 夕 豸 豕 遂		彳 彳 彳 往 往 一 ㅉ 來 來 來		一 ㄎ 干 王 ㄑ 女 妃 妃		口 罒 甼 畏 畏 丨 口 口 尸 兄	
緩	急	完	遂	往	來	王	妃	畏	兄

腰	刀	搖	籃	遙	拜	要	塞	牛	角
허리 요	칼 도	흔들 요	바구니 람	멀 요	절 배	종요로울 요	변방 새	소 우	뿔 각
肝 肝 肝 腰 腰 丁 刀		扌 扌 扌 搖 搖 ⺮ 笞 笞 籃 籃		夕 夕 夕 夕 遙 三 手 手 拜 拜		宀 宀 宀 寒 塞 一 襾 襾 要 要		ノ 一 二 牛 ⺈ 角 角 角 角	
腰	刀	搖	籃	遙	拜	要	塞	牛	角

于	今	優	劣	羽	翼	宇	宙	郵	票
어조사 우	이제 금	뛰어날 우	용렬할 렬	깃 우	날개 익	집 우	집 주	우편 우	표 표
一 二 于 ノ 人 亼 今		作 值 優 優 優 小 少 劣 劣		丁 习 习 羽 羽 习 羽 翟 翼 翼		丶 宀 宀 宇 宇 宀 宀 宙 宙 宙		三 垂 垂 郵 郵 覀 覀 覀 票 票	
于	今	優	劣	羽	翼	宇	宙	郵	票

憂	患	又	況	運	輸	云	謂	原	稿
근심우	근심환	또 우	하물며황	운전할운	실어낼수	이를운	이를위	근원원	볏짚고
丙 亘 惪 憂 憂 冖 吕 串 患 患	フ 又 氵 沪 沪 沪 況	冖 冒 軍 運 運 亘 車 軨 輸 輸	一 二 云 云 訂 訒 謂 謂 謂	一 厂 丙 原 原 千 禾 稈 稿 稿					
憂	患	又	況	運	輸	云	謂	原	稿

圓	舞	元	帥	怨	尤	源	泉	越	墻
둥글원	춤출무	으뜸원	장수수	원망할원	더욱우	근원원	샘 천	넘을월	담 장
冂 門 圓 圓 圓 乍 無 舞 舞 舞	一 二 テ 元 亻 户 𠂤 帥 帥	ク 夕 夗 怨 怨 一 ナ 九 尤	氵 沂 沂 源 源 白 白 白 泉 泉	圭 走 走 越 越 圹 圹 墻 墻 墻					
圓	舞	元	帥	怨	尤	源	泉	越	墻

危	徑	違	例	慰	安	偉	容	胃	腸
위태할 위	지름길 경	어길 위	법식 례	위로할 위	평안할 안	위대할 위	얼굴 용	밥통 위	창자 장
⺈ ⺈ 产 乒 危		ﾉ ﾅ 韋 韋 違		㇇ 尸 尉 尉 慰		亻 伫 佳 偉 偉		冂 皿 田 胃 胃	
彳 彳 徑 徑 徑		亻 亻 例 例 例		ˋ 宀 安 安 安		宀 宀 穴 容 容		月 月 腸 腸 腸	
危	徑	違	例	慰	安	偉	容	胃	腸

爲	主	委	託	威	脅	悠	久	誘	導
위할 위	주인 주	맡길 위	부탁할 탁	위엄 위	으를 협	멀 유	오랠 구	꾈 유	인도할 도
⺤ 爫 爲 爲 爲		二 千 禾 委 委		丿 厂 威 威 威		亻 攸 攸 悠 悠		訁 訁 誘 誘 誘	
ˋ 亠 十 主 主		言 言 訁 託 託		㇇ 力 劦 脅 脅		ノ ク 久		䒑 首 首 道 導	
爲	主	委	託	威	脅	悠	久	誘	導

有	無	維	新	愈	甚	猶	豫	遊	娛
있을유	없을무	이을유	새 신	더욱유	심할심	오히려유	미리예	놀 유	즐거워할오
ノナ有有有 二 冖 無 無 無		糹 紉 紅 紝 維 辛 亲 新 新 新		一 介 愈 愈 愈 廿 甘 其 甚 甚		犭 犭 狄 猶 猶 マ 予 豫 豫 豫		冫 方 斿 遊 遊 女 如 妇 娯 娛	
有	無	維	新	愈	甚	猶	豫	遊	娛

唯	一	裕	足	乳	臭	幼	稚	幽	閉
오직유	한 일	넉넉할유	발 족	젖 유	냄새취	어릴유	어릴치	그윽할유	닫을폐
미 叩 吽 唯 唯 一		衤 衤 衤 衤 裕 口 甲 무 足 足		爫 爫 孚 乳 乳 门 自 臬 臭 臭		幺 幺 幻 幼 禾 利 利 稚 稚		l 丷 幽 幽 幽 l 門 門 閉 閉	
唯	一	裕	足	乳	臭	幼	稚	幽	閉

儒	學	肉	身	潤	氣	閏	月	隱	蔽
선비유	배울학	고기육	몸 신	불을윤	기운기	윤달윤	달 월	숨을은	가릴폐
亻 伻 儒 儒	與 學 學	冂 内 内 肉 肉	亻 ㄅ 自 身 身	氵 沪 沪 潤 潤	气 気 氣 氣	丨 门 門 閏	丿 冂 月 月	阝 阝 隱 隱	艹 蔽 蔽
儒	學	肉	身	潤	氣	閏	月	隱	蔽

銀	漢	乙	丑	吟	詠	陰	陽	邑	誌
은 은	한수한	새 을	소 축	읊을음	읊을영	그늘음	볕·해양	고을읍	기록지
金 釒 鈩 銀	氵 泄 漢 漢	乙	ㄱ 刀 丑 丑	口 口 吟 吟	言 言 詠 詠	阝 险 陰 陰	阝 阻 陽 陽	口 吕 邑 邑	言 計 誌 誌
銀	漢	乙	丑	吟	詠	陰	陽	邑	誌

應	援	依	賴	衣	裳	疑	心	意	欲
응할 응	도울 원	의지할 의	의지할 뢰	옷 의	치마 상	의심할 의	마음 심	뜻 의	하고자할 욕
广 庐 雁 應 應 扌 扩 拦 接 援		亻 仁 佗 佗 依 一 束 束 剌 賴		亠 ナ 衣 衣 衣 ⺌ 尚 堂 裳 裳		匕 矣 矣 疑 疑 丶 心 心 心		立 音 音 意 意 八 谷 谷 欲 欲	
應	援	依	賴	衣	裳	疑	心	意	欲

醫	院	耳	目	以	北	而	已	貳	丈
의원 의	집 원	귀 이	눈 목	까닭 이	북녘 북	말이을 이	이미 이	두 이	어른 장
医 殹 毉 醫 醫 阝 阝 阝 院 院		一 丅 F 王 耳 丨 冂 月 月 目		丨 ν ν 以 以 丨 丨 ㅏ 北 北		一 丆 丙 而 而 ㄱ ㅋ 已		貳 貳 貳 貳 貳 一 ナ 丈	
醫	院	耳	目	以	北	而	已	貳	丈

移	轉	夷	險	因	果	忍	耐	刃	傷
옮길이	구를전	오랑캐이	험할험	인할인	과실과	참을인	견딜내	칼날인	상할상
ニ 禾 秒 移 移	亘 車 軻 轉 轉	一 ⺕ 弖 夷 夷	了 阝 阝亼 險 險	冂 冃 冈 因 因	冖 曰 旦 甲 果	ㄱ 刀 刃 忍 忍	丆 而 而 耐 耐	ㄱ 刀 刃	亻 仁 作 傷 傷
移	轉	夷	險	因	果	忍	耐	刃	傷

印	刷	仁	慈	引	責	姻	戚	日	輪
도장인	박을쇄	어질인	사랑자	끌 인	꾸짖을책	혼인인	겨레척	날 일	바퀴륜
「 F E E丁 印	コ 尸 局 帍 刷	ノ 亻 亻一 仁	䒑 ⺷ 兹 慈 慈	ㄱ コ 弓 引	十 丰 青 青 責	女 如 姄 姻 姻	厂 庤 戚 戚 戚	丨 冂 冃 日	亘 車 軡 輪 輪
印	刷	仁	慈	引	責	姻	戚	日	輪

壹	般	資	格	紫	檀	姊	妹	刺	殺
한 일	옮길 반	재물 자	격식 격	자줏빛 자	박달나무 단	누이 자	아랫누이 매	찌를 자	죽일 살
士 声 壴 壹 壹	力 舟 舟 舟 般	冫 汐 次 资 資	木 朾 柊 格 格	止 此 柴 紫 紫	木 栉 栴 檀 檀	女 女 女 姊 姊	女 女 奸 妹 妹	一 冂 市 朿 刺	乂 杀 杀 杀 殺
壹	般	資	格	紫	檀	姊	妹	刺	殺

雌	雄	自	他	姿	態	字	劃	爵	祿
암컷 자	수컷 웅	스스로 자	다를 타	맵시 자	태도 태	글자 자	그을 획	벼슬 작	녹 록
止 此 此 雌 雌	厷 厷 厷 雄 雄	′ 白 白 自 自	ノ 亻 仁 他 他	冫 冫 次 姿 姿	自 自 能 態 態	′ 宀 宁 字 字	彐 書 書 畫 劃	爫 爵 爵 爵 爵	示 礻 祁 禄 祿
雌	雄	自	他	姿	態	字	劃	爵	祿

昨	春	暫	留	潛	跡	壯	途	帳	幕
어제작	봄춘	잠깐잠	머무를류	잠길잠	발자취적	씩씩할장	길도	휘장장	휘장막
昨昨昨昨昨	三声夫春春	車斬斬暫	郎留留	汇汗浃潛	呈趺跡跡	丬爿壯壯	入人仝余途	巾巾帳帳帳	艹苎莫幕幕
昨	春	暫	留	潛	跡	壯	途	帳	幕

莊	園	將	卒	長	銃	栽	培	災	殃
장중할장	동산원	장수장	군사졸	길장	총총	심을재	북돋울배	재앙재	재앙앙
艹艹荓莊莊 門周周園園	丬爿將將 亠亠卒卒	丨卜트長長 스牟金銃銃	土丰未栽栽 土圹圹培培	〈〈〈災災 歹歹殀殃殃

| 莊 | 園 | 將 | 卒 | 長 | 銃 | 栽 | 培 | 災 | 殃 |

在	位	再	訂	抵	觸	貯	蓄	赤	道
있을 재	자리 위	두 재	끊을 정	막을 저	닿을 촉	쌓을 저	쌓을 축	붉을 적	길 도
一 ナ 𡗗 存 在	亻 仁 仂 位 位	一 冂 冃 再 再	亠 亖 言 訁 訂	扌 扌 扺 抵 抵	角 角 觸 觸 觸	冂 貝 貯 貯 貯	艹 芧 蓄 蓄 蓄	一 土 赤 赤 赤	丷 首 首 道 道
在	位	再	訂	抵	觸	貯	蓄	赤	道

賊	徒	摘	芽	敵	侵	的	確	田	畓
도둑 적	무리 도	딸 적	싹 아	원수 적	침노할 침	적실할 적	확실할 확	밭 전	논 답
貝 貝 財 賊 賊	彳 往 往 徒 徒	扌 扩 摘 摘 摘	艹 艹 芓 芽 芽	卨 啇 啇 敵 敵	亻 亻 侵 侵 侵	白 白 的 的 的	石 矿 砖 碓 確	丨 冂 田 田 田	丨 水 沓 畓 畓
賊	徒	摘	芽	敵	侵	的	確	田	畓

展	覽	全	滅	典	雅	傳	染	專	制
펼 전	볼 람	온전할 전	멸망할 멸	법 전	아담할 아	전할 전	물들 염	오로지 전	억제할 제
尸 屏 展 展	臣 覽 覽	丿 入 仐 仝 全	氵 泝 滅 滅 滅	冂 冊 曲 典 典	牙 牙 邪 雅 雅	亻 伸 傳 傳 傳	氵 氿 染 染	亘 車 車 專 專	丿 ㅗ 朱 制 制
展	覽	全	滅	典	雅	傳	染	專	制

前	後	絶	叫	折	枝	占	領	漸	次
앞 전	뒤 후	끊을 절	부르짖을 규	꺾을 절	가지 지	차지할 점	거느릴 령	점점 점	버금 차
䒑 肻 前 前 前	彳 华 後 後 後	幺 糸 絁 絶 絶	口 叫 叫	扌 扌 扩 折 折	十 木 村 枝 枝	丨 卜 占 占 占	人 令 領 領 領	氵 渖 漸 漸 漸	冫 次 次 次
前	後	絶	叫	折	枝	占	領	漸	次

接	賓	停	車	淨	潔	正	南	征	伐
맞을**접**	손 **빈**	머무를**정**	수레**거·차**	깨끗할**정**	깨끗할**결**	바를**정**	남녘**남**	칠 **정**	칠 **벌**
扌 扌 扩 接 接	宀 宀 宊 賓 賓	亻 亻 伫 停 停	一 一 日 亘 車	氵 氵 氵 淨 淨	氵 氵 潔 潔 潔	一 丅 下 正 正	十 冂 冂 南 南	彳 行 行 征 征	亻 仁 代 伐 伐
接	賓	停	車	淨	潔	正	南	征	伐

精	誠	貞	淑	井	底	整	齊	丁	亥
정할**정**	정성**성**	곧을**정**	맑을**숙**	우물**정**	밑 **저**	가지런할**정**	가지런할**제**	고무래**정**	돼지**해**
米 米 精 精 精	言 訪 試 誠 誠	丨 卜 貞 貞 貞	氵 氵 淑 淑 淑	一 二 井 井	广 底 底 底 底	敕 敕 整 整 整	亠 齊 齊 齊 齊	一 丁	亠 亥 亥 亥 亥
精	誠	貞	淑	井	底	整	齊	丁	亥

提	供	堤	防	祭	祀	題	辭	第	二
내놓을 제	이바지 공	방죽 제	막을 방	제사 제	제사 사	제목 제	말 사	차례 제	두 이
扌 押 捍 捍 提	亻 伻 供 供 供	土 坦 埕 埕 堤	阝 阝 阝 防 防	夕 夕 夕 祭 祭	亍 示 礻 祀 祀	早 早 题 題 題	辛 辛 辭 辭 辭	竹 竺 笃 第 第	一 二
提	供	堤	防	祭	祀	題	辭	第	二

製	品	諸	侯	照	臨	早	晩	朝	暮
지을 제	품수 품	모든 제	제후 후	비출 조	다다를 림	일찍 조	늦을 만	아침 조	저물 모
制 制 製 製 製	口 口 口 品 品	言 計 諸 諸 諸	亻 仁 侯 侯 侯	日 日 昭 昭 照	厂 戶 臣 臨 臨	口 日 日 旦 早	日 旴 晩 晩 晩	古 直 卓 朝 朝	艹 苩 莫 暮 暮
製	品	諸	侯	照	臨	早	晩	朝	暮

弔	詞	租	稅	燥	濕	組	版	族	譜
조상할 조	말 사	세금 조	세금 세	마를 조	젖을 습	짤 조	판목 판	겨레 족	계보 보
ㄱ ㅋ 弓 弔	亠 言 訂 訂 詞	二 千 禾 和 租	千 禾 秒 稅 稅	丶 火 炉 焊 燥	氵 氵 浔 湿 濕	幺 幺 糸 糾 組	丿 片 片 版 版	亠 方 方 族 族	訁 計 諩 譜 譜
弔	詞	租	稅	燥	濕	組	版	族	譜

尊	卑	宗	廟	縱	橫	坐	禪	左	右
높을 존	낮을 비	마루 종	조정 묘	세로 종	가로 횡	앉을 좌	사양할 선	왼 좌	오른쪽 우
亣 酋 酋 奠 尊	冂 白 由 更 卑	宀 宀 宀 宇 宗	广 庐 庫 廟 廟	糸 紒 絣 縱 縱	枓 栉 構 橫 橫	人 从 丛 坐 坐	亍 示 祁 禪 禪	一 ナ 十 左 左	ノ ナ オ 右 右
尊	卑	宗	廟	縱	橫	坐	禪	左	右

罪	囚	州	民	注	釋	株	式	朱	顔
허물 죄	가둘 수	고을 주	백성 민	물댈 주	풀 석	그루 주	법 식	붉을 주	얼굴 안
罒 罒 罪 罪 罪	丨 冂 冈 囚 囚	丶 丿 州 州 州	一 コ 巳 民 民	氵 汇 汁 注 注	釆 釋 釋 釋	木 朩 朩 株 株	一 亍 式 式 式	丿 二 牛 朱 朱	产 彦 顔 顔 顔
罪	囚	州	民	注	釋	株	式	朱	顔

晝	夜	周	圍	住	宅	俊	秀	遵	守
낮 주	밤 야	두루 주	둘레 위	살 주	집 택	뛰어날 준	빼어날 수	좇을 준	지킬 수
彐 聿 聿 書 晝	亠 亣 夜 夜 夜	冂 月 用 周 周	冂 冋 圍 圍 圍	亻 仁 什 住 住	丶 宀 宀 宅 宅	亻 仏 伀 俊 俊	二 千 禾 秀 秀	竹 竹 酋 尊 遵	丶 宀 宀 守 守
晝	夜	周	圍	住	宅	俊	秀	遵	守

仲	媒	重	文	中	央	卽	席	增	強
버금 중	중매 매	무거울 중	글월 문	가운데 중	가운데 앙	곧 즉	자리 석	더할 증	굳셀 강
亻 仆 仰 仲 仲		一 旨 亩 重 重		丨 冂 口 中		卜 白 皀 卽 卽		圹 坳 垆 增 增	
女 女 女廿 媒 媒		丶 亠 ナ 文		丨 冂 口 央 央		亠 广 产 庐 席		弓 弘 弘 弹 強	
仲	媒	重	文	中	央	卽	席	增	強

證	券	曾	孫	憎	惡	智	略	支	拂
증거 증	문서 권	일찍 증	손자 손	미워할 증	악할 악	슬기 지	간략할 략	지탱할 지	떨칠 불
言 訡 訡 證 證		八 仒 仒 曾 曾		忄 忄 忄 憎 憎		𠂉 矢 知 智 智		一 十 才 支	
丷 丷 关 券 券		了 孑 孫 孫 孫		一 丆 亞 亞 惡		冂 田 田 略 略		扌 扌 扫 拂 拂	
證	券	曾	孫	憎	惡	智	略	支	拂

持	說	遲	速	知	識	志	操	指	揮
가질 지	말씀 설	더딜 지	빠를 속	알 지	알 식	뜻 지	잡을 조	손가락 지	휘두를 휘
扌 扌 扌 挂 持 言 言 訁 訟 說		尸 屎 屖 犀 遲 口 申 束 涑 速		𠂉 矢 矢 知 知 言 訁 諳 識 識		一 十 士 志 志 扌 扌 摆 摻 操		扌 扌 扌 指 指 扌 扌 扌 揎 揮	
持	說	遲	速	知	識	志	操	指	揮

陳	腐	陣	營	眞	僞	珍	藏	盡	忠
베풀 진	썩을 부	진 진	경영할 영	참 진	거짓 위	보배 진	감출 장	다할 진	충성 충
阝 阝 陌 陣 陳 广 广 府 腐 腐		火 炏 𤇾 營 營 阝 阝 阡 陌 陣		一 旨 旨 直 眞 亻 亻 亻 僞 僞		一 二 王 玠 珍 芒 芹 蔵 藏 藏		口 口 中 忠 忠 コ 彐 聿 盡 盡	
陳	腐	陣	營	眞	僞	珍	藏	盡	忠

鎭	痛	進	退	振	幅	辰	韓	秩	序
진압할 진	아플 통	나아갈 진	물러날 퇴	떨칠 진	폭 폭	별 신·진	나라이름 한	차례 질	차례 서

執	脈	集	散	懲	戒	徵	兆	差	額
잡을 집	줄기 맥	모을 집	흩을 산	징계할 징	경계할 계	부를 징	조짐 조	어긋날 차	이마 액

錯	誤	贊	頌	慙	愧	參	與	倉	庫
섞일 착	그릇칠 오	찬성할 찬	칭송할 송	부끄러울 참	부끄러울 괴	석 삼·참	참여할 여	곳집 창	곳집 고
釒 鉗 鉗 錯 錯	言 訁 誤 誤 誤	生 先 兟 賛 贊	八 公 公 頌 頌	車 斬 斬 慙 慙	忄 忄 忄 愧 愧	厶 厽 厽 參 參	乍 乍 乍 與 與	人 今 今 倉 倉	亠 广 广 庫 庫

唱	劇	蒼	天	滄	海	債	務	採	算
노래부를 창	연극 극	푸를 창	하늘 천	푸를 창	바다 해	빚 채	힘쓸 무	캘 채	셈할 산
口 口 唱 唱 唱	亠 广 虍 豦 劇	艹 芢 蒼 蒼 蒼	一 二 天 天	氵 氵 氵 滄 滄	氵 汇 海 海 海	亻 仁 佳 倩 債	予 矛 矛 教 務	扌 扌 扌 抨 採	丶 竺 笪 笪 算

菜	蔬	冊	卷	悽	慘	妻	妾	尺	度
나물채	나물소	책 책	책권권	슬퍼할처	참혹할참	아내처	첩 첩	자 척	법도도
艹 芓 苎 苹 菜 艹 芷 芷 蔬 蔬		丷 龹 龹 券 卷 丿 刀 刀 冊 冊		忄 忄 悽 悽 悽 忄 忙 忰 慘 慘		ㄱ 彐 ⺻ 妻 妻 亠 立 妾 妾 妾		ㄱ コ 尸 尺 广 庐 庐 度 度	
菜	蔬	冊	卷	悽	慘	妻	妾	尺	度

遷	都	淺	慮	踐	履	千	弗	川	魚
옮길천	도읍도	얕을천	생각려	밟을천	밟을리	일천천	아닐불	내 천	물고기어
覀 覀 襾 䙴 遷 土 耂 者 都 都		氵 汁 浅 浅 淺 亠 广 虍 慮 慮		足 跩 践 践 踐 ㅡ 尸 屛 履 履		ノ 二 千 ㄱ コ 弓 弗 弗		丿 川 川 ⺈ 角 角 魚 魚	
遷	都	淺	慮	踐	履	千	弗	川	魚

鐵	鎖	哲	人	添	削	尖	塔	聽	講
쇠 철	쇠사슬 쇄	밝을 철	사람 인	더할 첨	깎을 삭	뾰족할 첨	탑 탑	들을 청	익힐 강
金 釒 鋍 鐵 鐵 金 釒 鈔 銷 鎖		扌 扌 扩 折 哲 丿 人		氵 汗 沃 添 添 丨 小 肖 肖 削		丨 小 尘 尖 尖 土 圤 垯 塔 塔		耳 耳 聑 聽 聽 言 講 講 講 講	
鐵	鎖	哲	人	添	削	尖	塔	聽	講

青	綠	廳	舍	清	濁	體	熱	初	刊
푸를 청	푸를 록	관청 청	집 사	맑을 청	흐릴 탁	몸 체	더울 열	처음 초	책펴낼 간
十 丰 青 青 青 糸 紀 綒 綒 綠		广 庐 庴 廰 廳 人 亼 仒 舍 舍		氵 汁 浐 清 清 氵 泗 淠 濁 濁		冂 骨 骨 體 體 土 坴 埶 埶 熱		礻 衤 衤 初 初 一 二 干 刊 刊	
青	綠	廳	舍	清	濁	體	熱	初	刊

抄	錄	招	聘	肖	像	超	逸	燭	臺
베낄 초	기록할 록	부를 초	부를 빙	같을 초	형상 상	뛰어넘을 초	편안할 일	촛불 촉	돈대 대
抄	錄	招	聘	肖	像	超	逸	燭	臺

村	驛	總	點	聰	慧	最	良	催	眠
마을 촌	역말 역	거느릴 총	점 점	귀밝을 총	지혜 혜	가장 최	좋을 량	재촉할 최	잠잘 면
村	驛	總	點	聰	慧	最	良	催	眠

抽	拔	追	憶	推	薦	秋	毫	逐	鹿
뽑을 추	뺄 발	따를 추	생각할 억	밀 추·퇴	천거할 천	가을 추	가는털 호	쫓을 축	사슴 록
扌扌扣抽抽	扌扩扮拔拔	亻户自追追	忄忙愔憶憶	扌扌扩扌推	芦芦苗薦薦	二千禾秒秋	一亠亭亭毫	丆豕豕豕逐	广户庐鹿鹿
抽	拔	追	憶	推	薦	秋	毫	逐	鹿

畜	産	衝	突	取	捨	就	航	趣	向
가축 축	낳을 산	찌를 충	부딪칠 돌	취할 취	버릴 사	나아갈 취	건널 항	뜻 취	향할 향
亠玄玄畜畜	立产产産産	彳彷徘徸衝	宀宂空突突	厂耳耳耶取	扌扑抡拴捨	亨京就就就	丹舟舟舫航	丰走赶趄趣	丿亻门向向
畜	産	衝	突	取	捨	就	航	趣	向

側	近	測	量	齒	科	治	亂	置	簿
곁 측	가까울 근	측량할 측	헤아릴 량	이 치	과목 과	다스릴 치	어지러울 란	둘 치	장부 부
亻 但 俱 側	厂 斤 䜣 近	氵 泪 浿 測	口 旦 量	止 齒	二 千 禾 科	氵 氵 治 治	𠬪 亂	罒 罟 置	竹 簿
側	近	測	量	齒	科	治	亂	置	簿

致	賀	親	睦	漆	器	七	層	寢	室
이룰 치	하례할 하	친할 친	화목할 목	옻칠할 칠	그릇 기	일곱 칠	층 층	잠잘 침	집·방 실
至 致	加 賀	立 辛 亲 親	目 睦	氵 汁 漆	口 器	一 七	尸 層	宀 寢	宀 室
致	賀	親	睦	漆	器	七	層	寢	室

浸	透	稱	讚	快	晴	打	倒	墮	落
적실 침	통할 투	일컬을 칭	기릴 찬	쾌할 쾌	갤 청	칠 타	넘어질 도	떨어질 타	떨어질 락
氵 氵 浔 浔 浸 禾 秂 秀 秀 透		禾 秄 稍 稱 稱 言 言 讚 讚 讚		丷 忄 忄 快 快 日 旷 晴 晴 晴		一 十 扌 扌 打 亻 仁 侄 侄 倒		阝 阝 陊 隋 墮 艹 艹 落 落 落	
浸	透	稱	讚	快	晴	打	倒	墮	落

妥	協	琢	磨	彈	琴	脫	團	探	索
온당할 타	화할 협	쫄 탁	갈 마	탄알 탄	거문고 금	벗을 탈	둥글 단	찾을 탐	동아줄 삭
丷 爫 妥 妥 妥 忄 协 協 協 協		王 玎 琢 琢 琢 广 广 麻 磨 磨		弓 弓 弹 彈 彈 王 王 珏 琴 琴		月 月 肸 脫 脫 冂 冂 圃 團 團		扌 扌 扌 採 探 十 宀 索 索 索	
妥	協	琢	磨	彈	琴	脫	團	探	索

貪	財	泰	斗	殆	半	擇	偶	吐	露
탐낼탐	재물재	클 태	말 두	위태로울태	반 반	가릴택	짝 우	토할토	이슬로
人 今 貪 貪 貪	冂 目 貝 財 財	三 夫 泰 泰 泰	丶 ⺀ 斗	歹 歹 殆 殆 殆	丿 八 ⺌ 半	扌 扌 擇 擇 擇	亻 但 偶 偶 偶	口 口 吐 吐	雨 雨 露 露 露
貪	財	泰	斗	殆	半	擇	偶	吐	露

兎	脣	土	壤	討	議	投	球	特	殊
토끼토	입술순	흙 토	땅 양	칠 토	의논할의	던질투	구슬구	특별할특	다를수
刀 召 免 兎 兎	厂 辰 辰 脣 脣	一 十 土	壤 壤 壤 壤 壤	言 言 言 討 討	討 詳 議 議 議	扌 扌 扌 投 投	丁 王 玎 球 球	牛 牛 牛 特 特	歹 歹 歹 殊 殊
兎	脣	土	壤	討	議	投	球	特	殊

派	遣	波	浪	罷	免	播	種	頗	香
물갈래파	보낼견	물결파	물결랑	파할파	면할면	씨뿌릴파	씨 종	자못파	향기향
氵 汇 沠 派 派	一 虫 貴 遣 遣	氵 氵 沪 汳 波	氵 氵 泸 浪 浪	罒 罒 罷 罷 罷	勹 ⺈ 召 免 免	扌 扌 揉 播 播	千 禾 稙 種 種	丿 厂 皮 頗 頗	二 千 禾 香 香
派	遣	波	浪	罷	免	播	種	頗	香

破	毁	販	路	八	斤	編	隊	遍	歷
깨뜨릴파	헐뜯을훼	팔 판	길 로	여덟팔	근 근	엮을편	떼 대	두루편	지낼력
厂 石 矿 破 破	𠂉 臼 皇 毀 毁	冂 貝 貝 販 販	𠯑 𧾷 路 路 路	丿 八	一 厂 斤 斤	糸 紀 編 編 編	阝 阝 阝 隊 隊	厂 肩 扁 扁 遍	厂 厤 厤 歴 歷
破	毁	販	路	八	斤	編	隊	遍	歷

片	面	便	宜	平	凡	肺	臟	廢	止
조각 편	낯 면	편할 편	마땅할 의	평평할 평	무릇 범	허파 폐	오장 장	폐할 폐	그칠 지
丿 丿 片 片	丆 丙 而 面 面	亻 伒 佰 便 便	丶 丷 宀 宜 宜	一 丆 ㄫ 立 平	丿 几 凡	刀 月 肝 肺 肺	肝 肝 肝 臟 臟	广 庆 庆 廢 廢	丨 卜 止 止
片	面	便	宜	平	凡	肺	臟	廢	止

浦	口	包	裝	捕	捉	飽	享	爆	擊
물가 포	입 구	쌀 포	꾸밀 장	잡을 포	잡을 착	배부를 포	누릴 향	폭발할 폭	칠 격
氵 洉 涓 浦 浦	丨 冂 口	丿 勹 勹 勺 包	丨 爿 壯 裝 裝	扌 扌 捕 捕 捕	扌 扣 捉 捉 捉	今 食 飽 飽 飽	亠 亠 亨 享 享	火 焊 煤 爆 爆	乛 軗 軗 擊 擊
浦	口	包	裝	捕	捉	飽	享	爆	擊

暴	利	表	裏	漂	泊	標	準	楓	岳
사나울포	이로울리	거죽표	속 리	떠돌표	떠돌박	표 표	법도준	단풍나무풍	큰산악
旦昗昗暴暴 二千禾利利		十圭耒耒表 亠盲覀重裏裏		沪沪泗潭漂 氵氵氵泊泊		杧栖標標標 氵沪氵淮準		木机楓楓楓 厂斤乒岳岳	
暴	利	表	裏	漂	泊	標	準	楓	岳

被	檢	疲	困	皮	膚	彼	此	畢	竟
입을피	검사할검	지칠피	곤할곤	가죽피	살갗부	저 피	이 차	마칠필	마침내경
衤衤礻被被 木朴检檢檢		广疒疒疒疲 冂用困困困		丿厂广皮皮 广庐庐膚膚		彳彳彷彼彼 ⺊⺊此此此		甲甲畢畢畢 立音音竟竟	
被	檢	疲	困	皮	膚	彼	此	畢	竟

筆	墨	必	須	荷	物	下	弦	寒	暖
붓 필	먹 묵	반드시 필	모름지기 수	연 하	만물 물	아래 하	활시위 현	찰 한	따뜻할 난
⺮ 竺 笁 筀 筆 罒 罒 罒 黑 墨		丶 ソ 义 必 必 彡 彡 須 須 須		艹 艹 艹 荷 荷 丿 牛 牛 物 物		一 丅 下 弓 弓 弦 弦 弦		宀 宀 宝 寒 寒 日 日 旷 暖 暖	
筆	墨	必	須	荷	物	下	弦	寒	暖

旱	雷	閑	寂	汗	蒸	割	據	含	憤
가물 한	우뢰 뢰	한가할 한	고요할 적	땀 한	찔 증	나눌 할	의거할 거	머금을 함	분할 분
丨 冂 日 旦 旱 雨 雨 雨 雷 雷		丨 門 門 閑 閑 宀 宀 宇 宋 寂		氵 氵 汗 汗 汗 艹 芳 蒸 蒸 蒸		宀 宀 宝 害 割 扌 扩 扩 據 據		人 今 今 含 含 忄 忄 忄 憤 憤	
旱	雷	閑	寂	汗	蒸	割	據	含	憤

咸	池	合	邦	抗	拒	巷	談	恒	常
다 함	못 지	합할 합	나라 방	대항할 항	맞설 거	거리 항	말씀 담	항상 항	떳떳할 상
厂 厂 后 咸 咸	氵 氵 汋 汋 池	丿 人 亼 合 合	一 三 丰 邦 邦	扌 扌 扩 扩 抗	扌 扌 扌 拒 拒	艹 共 共 巷 巷	言 言 談 談 談	忄 忄 恒 恒 恒	龸 龸 常 常 常
咸	池	合	邦	抗	拒	巷	談	恒	常

奚	暇	該	博	解	析	核	質	行	廊
어찌 해	겨를 가	넓을 해	넓을 박	깨달을 해	쪼갤 석	씨 핵	바탕 질	다닐 행	행랑 랑
爫 爫 奚 奚 奚	日 𣅀 暇 暇 暇	言 訁 該 該 該	忄 博 博 博 博	角 角 解 解 解	十 木 析 析 析	木 杧 核 核 核	斤 斦 質 質 質	丿 彳 行 行 行	广 庐 廊 廊 廊
奚	暇	該	博	解	析	核	質	行	廊

幸	福	許	諾	虛	實	軒	燈	革	政
다행 행	복 복	허락할 허	대답할 낙	빌 허	열매 실	추녀 헌	등잔 등	가죽 혁	정사 정
一 土 去 幸 幸		亠 言 言 訁 許		宀 宀 宀 實 實		亘 亘 車 軒 軒		一 廿 廿 苎 革	
亍 示 福 福 福		言 詳 詳 詳 諾		虍 虍 虍 虛 虛		火 炏 炏 燈 燈		丁 下 正 政 政	
幸	福	許	諾	虛	實	軒	燈	革	政

縣	令	絃	樂	懸	案	賢	愚	現	場
고을 현	명령 령	악기줄 현	풍류 악	매달 현	책상 안	어질 현	어리석을 우	나타날 현	마당 장
県 県 縣 縣 縣		糸 紅 紘 絃 絃		県 縣 縣 懸 懸		丨 臣 臤 賢 賢		丁 王 玑 珥 現	
丿 人 亼 令 令		白 㿥 樂 樂 樂		宀 安 安 案 案		月 禺 禺 愚 愚		土 坦 場 場 場	
縣	令	絃	樂	懸	案	賢	愚	現	場

顯	著	玄	黃	螢	雪	形	影	亨	通
나타날현	나타날저	검을현	누를황	반딧불형	눈 설	형상형	그림자영	형통할형	통할통
日 㬎 㬎 顯 顯 艹 芏 著 著 著		丶 亠 玄 玄 玄 艹 苗 黃 黃 黃		火 炏 螢 螢 螢 二 雨 雪 雪 雪		二 于 开 形 形 日 昌 景 景 影		亠 亨 亨 亨 亨 乃 甬 甬 通 通	
顯	著	玄	黃	螢	雪	形	影	亨	通

惠	澤	好	感	浩	茫	互	選	豪	飮
은혜혜	은혜택	좋을호	느낄감	넓을호	망망할망	서로호	가릴선	호걸호	마실음
厂 百 東 恵 惠 氵 氵 浑 澤 澤		𡿨 女 女 好 好 丿 后 咸 感 感		氵 汁 浩 浩 浩 艹 艹 茫 茫 茫		一 工 互 互 罒 罡 巽 選 選		亨 亨 豪 豪 豪 今 食 食 飮 飮	
惠	澤	好	感	浩	茫	互	選	豪	飮

胡	蝶	呼	出	護	憲	虎	穴	或	時
오랑캐 호	나비 접	부를 호	날 출	지킬 호	법 헌	범 호	구멍 혈	혹 혹	때 시
十 古 古 胡 胡 虫 虫 虫 蚶 蝶		口 口 吖 吖 呼 丨 屮 屮 出 出		言 訁 訁 護 護 宀 宀 宀 憲 憲		上 广 广 虍 虎 丶 丶 宀 穴 穴		一 戸 或 或 或 日 旪 時 時 時	
胡	蝶	呼	出	護	憲	虎	穴	或	時

混	成	紅	爐	洪	水	華	麗	禾	苗
섞을 혼	이룰 성	붉을 홍	화로 로	넓을 홍	물 수	빛날 화	고울 려	벼 화	싹 묘
氵 泪 泪 混 混 丿 厂 成 成 成		幺 糸 糸 紅 紅 火 炉 炉 爐 爐		氵 氵 洪 洪 洪 亅 水 水 水		艹 芒 苹 華 華 丽 丽 麗 麗 麗		一 二 千 禾 禾 艹 艹 苗 苗 苗	
混	成	紅	爐	洪	水	華	麗	禾	苗

禍	厄	和	暢	貨	幣	擴	充	丸	藥
재앙 화	재앙 액	화할 화	화창할 창	재화 화	폐백 폐	늘릴 확	찰 충	둥글 환	약 약
礻 祁 祁 禍 禍	一 厂 厅 厄 厄	二 千 禾 和 和	日 申 申 暢 暢	亻 化 化 貨 貨	尙 敝 敝 幣 幣	扩 擴 擴 擴 擴	亠 士 去 充 充	丿 九 丸	艹 䒑 藥 藥 藥

荒	涼	皇	帝	回	顧	灰	壁	懷	抱
거칠 황	서늘할 량	임금 황	임금 제	돌아올 회	돌아볼 고	석회 회	바람벽 벽	품을 회	안을 포
艹 芏 芒 荒 荒	氵 广 泞 涼 涼	白 白 皁 皇 皇	亠 立 产 帝 帝	冂 冋 回 回	戶 扂 顧 顧 顧	一 厂 灰 灰 灰	尸 尸 辟 辟 壁	忄 懷 懷 懷 懷	扌 扌 扚 抱 抱

悔	恨	曉	霧	孝	子	效	則	厚	薄
뉘우칠 회	한할 한	새벽 효	안개 무	효도 효	아들 자	본받을 효	법 칙	두터울 후	엷을 박
忄 忙 悔 悔 悔	丶 忄 忄 恨 恨	日 旪 暁 曉 曉	⻗ 雫 雺 霧 霧	一 土 耂 考 孝	㇇ 了 子	亠 六 交 効 效	冂 月 貝 則 則	一 厂 戸 厚 厚	艹 蒲 薄 薄 薄
悔	恨	曉	霧	孝	子	效	則	厚	薄

喉	舌	候	鳥	訓	育	休	憩	携	帶
목구멍 후	혀 설	기후 후	새 조	가르칠 훈	기를 육	쉴 휴	쉴 게	가질 휴	띠 대
口 吖 喉 喉 喉	二 千 千 舌 舌	亻 亻 伫 侯 候	丨 户 自 鳥 鳥	亠 言 言 訓 訓	亠 云 育 育 育	亻 仁 什 休 休	二 舌 舌 憩 憩	扌 携 携 携 携	一 卅 卌 帶 帶
喉	舌	候	鳥	訓	育	休	憩	携	帶

胸	骨	凶	豐	吸	血	興	奮	戲	弄
가슴 흉	뼈 골	흉할 흉	풍성할 풍	숨들이쉴 흡	피 혈	일어날 흥	떨칠 분	희롱할 희	희롱할 롱
月 肑 朐 胸 胸	冂 冎 咼 骨 骨	丿 乂 凶 凶	丨 ㅂ 曲 豊 豐	口 口丿 叨 吸 吸	丿 白 血 血 血	𦥑 用 뎳 興 興	大 夲 奞 奮 奮	广 虍 虘 戲 戲	一 丁 王 丟 弄
胸	骨	凶	豐	吸	血	興	奮	戲	弄

稀	世	熙	笑	喜	悅	噫	嗚	希	願
드물 희	세상 세	빛날 희	웃을 소	기쁠 희	기쁠 열	탄식할 희	탄식할 오	바랄 희	원할 원
禾 秆 秆 稀 稀	一 十 廿 廿 世	𦣝 𦣞 巸 巸 熙	⺮ 竺 竺 笑 笑	士 吉 吉 喜 喜	丶 忄 忄 悅 悅	口 咛 噫 噫 噫	口 口 呜 嗚 嗚	乂 メ 产 希 希	厂 原 願 願 願
稀	世	熙	笑	喜	悅	噫	嗚	希	願

壹	貳	参	拾	千	萬	億	兆	弗	整
壹	貳	参	拾	千	萬	億	兆	弗	整

壱	弐	参	拾	千	萬	億	兆	弗	整
壱	弐	参	拾	千	萬	億	兆	弗	整

한자 펜글씨 교본

2023년 2월 10일 발행
필경 이명도
엮은이 편집부
펴낸이 배태수 ___펴낸곳 신라출판사
등록 1975년 5월 23일
전화 032)341-1289 ___팩스 02)6935-1285
주소 경기 부천시 소사구 범안로 95번길 32

ISBN 978-89-7244-126-7 13640
* 잘못된 책은 구입한 곳에서 바꾸어 드립니다.